MW00339467

Ritchie's Fabulae Faciles

Latin Text with Facing Vocabulary and Commentary

Geoffrey Steadman

Ritchie's Fabulae Faciles
Latin Text with Facing Vocabulary and Commentary

First Edition

© 2012 by Geoffrey Steadman

All rights reserved. Subject to the exception immediately following, this book may not be reproduced, in whole or in part, in any form (beyond that copying permitted by Sections 107 and 108 of the U.S. Copyright Law and except by reviewers for the public press), without written permission from the publisher.

The author has made an online version of this work available (via email) under a Creative Commons Attribution-Noncommercial-Share Alike 3.0 License. The terms of the license can be accessed at creativecommons.org.

Accordingly, you are free to copy, alter, and distribute this work freely under the following conditions:

(1) You must attribute the work to the author (but not in any way that suggests that the author endorses your alterations to the work).
(2) You may not use this work for commercial purposes.
(3) If you alter, transform, or build upon this work, you may distribute the resulting work only under the same or similar license as this one.

ISBN-13: 978-0-9843065-5-8
ISBN-10: 0-9843065-5-2

Published by Geoffrey Steadman
Cover Design: David Steadman

Fonts: Times New Roman

geoffreysteadman@gmail.com

Table of Contents

Ritchie's Fabulae Faciles

Introduction to *Ritchie's Fabulae Faciles*

This book should be on the bedstand of every intermediate Latin student. The volume is a graded reader of Latin stories, which the modern author Francis Ritchie composed in order to give students additional practice before reading Caesar's *Gallic War*. The book includes the myths of Perseus, Heracles, Jason and the Argonauts, and Ulysses; and the entire text is divided into 100 sections of Latin which are roughly a paragraph in length. Although Ritchie assumes that readers know all five declensions, pronouns, and active and passive verbs from the first story about Perseus, he does not introduce the subjunctive mood until the middle of the the account of Heracles or indirect discourse and ablative absolutes until Jason and the Argonauts. Ritchie's purpose is to provide readers with an opportunity to master simple Latin grammar and morphology before they encounter more complex constructions in the later stories, and he does so while presenting students with an informative and thoroughly engaging storyline.

This Latin text was first published by Ritchie in 1884 in a volume called *Fabulae Faciles: A First Latin Reader*. In 1903, John Kirtland published a revised edition entitled *Ritchie's Fabulae Faciles: A First Latin Reader*. Kirtland modified Ritchie's Latin text, added grammatical notes, and eliminated a section of drill exercises found in the beginning the original volume. Kirtland's book remained the standard edition until 1991, when another revised volume was prepared by Gilbert Lawall, Stanley Iverson, and Allan Wooley, entitled *Fabulae Graecae: A Revised Edition of Ritchie's Fabulae Faciles*. While the first two books are no longer protected by copyright law and can be downloaded for free, the *Fabulae Graecae* remains available in paperback.

The aim of this current edition is to make Ritchie's myths even more accessible to beginning Latin readers. Facing each page of the Latin text is a page of commentary divided into halves. The top half includes all of the corresponding vocabulary that occur fourteen or fewer times, arranged alphabetically in two columns. The bottom half is devoted to grammatical notes, which are organized according to line numbers and arranged in two columns. The advantage of this format is that it allows me to include as much information as possible on a page and at the same time ensure that the commentary entries are distinct and immediately accessible to readers.

To complement the vocabulary within the commentary, I have added a running core word list at the beginning of this book that includes all words occurring fifteen or more times. An alphabetized form of this same list can be found in the glossary. Together, this book has been designed in such a way that, once readers have mastered the running core list, they will be able to rely solely on the Latin text and facing notes.

The greatest strength of this book, apart from captivating stories, is its ability to expose readers to difficult constructions over and over again. As a rule, I prefer to offer too much assistance in the grammatical notes rather than too little and, since readers may begin anywhere in the book, I identify constructions consistently throughout the commentary—often multiple times on the same page. In the case of *Fabulae Faciles* such support is appropriate. Even if readers rely on overly generous notes the first time they encounter a difficult passage, Ritchie presents the same constructions and same phrases so often that readers quickly become familiar with a range of difficult clauses and therefore rely less and less on the notes as they progress. By the time they encounter Ulysses, the constructions which readers have already encountered are so dense and frequent that it is impossible to include the ample notes found in earlier myths, and in most cases such notes are no longer necessary.

Although this volume may be used as a supplement in the classroom, I hope that teachers will encourage students to keep a copy by their bedsides for casual reading and rereading during the summer months and winter breaks. While there is no substitute for meaningful classical and medieval Latin texts, most authentic Latin prose still remains beyond the reach for intermediate-level students. This current commentary is made in the hopes that the short sections of connected prose will help readers of varying abilities develop reading proficiency and provide them with the knowledge and confidence necessary to read authentic Latin authors.

I wish to thank Justin Slocum Bailey and Erin Pammenter for their assistance on earlier versions and both Curtis Dozier and Robert Littlejohn, in particular, for recommending numerous changes to macrons and formatting in the latest revision. Every reader benefits from their generosity.

Geoffrey Steadman, Ph.D.
geoffreysteadman@gmail.com
geoffreysteadman.com

How to Use this Commentary

Research shows that, as we learn how to read in a second language, a combination of reading and direct vocabulary instruction is statistically superior to reading alone. One of the purposes of this book is to encourage active acquisition of vocabulary.

1. Master the core vocabulary list as soon as possible.

Develop a daily regimen for memorizing vocabulary and forms before you begin reading. Start with an intensive review of the running core list on the next page. Although a substantial number of core vocabulary words come within the first few lessons of the commentary, readers have encountered most of these words in first-year Latin and should be able to master the list quickly. Once readers have reviewed these words, I recommend that they consult and memorize slightly less frequent words in *Fabulae Faciles* as they encounter them.

2. Read actively.

Read in Latin word order. Initially, readers have a tendency both (a) to scan through the entire Latin sentence quickly to order to attain a sense of the constructions and (b) to treat the sentence as a puzzle and jump around the passage from subject to verb to object and so on. As you acquire more vocabulary and your comfort with the Latin increases, make reading in Latin word order your primary method. It is a lot of fun and with persistence very satisfying as well.

Develop the habit of making educated guesses as you read. The purpose of the graded reader to provide you with an opportunity to encounter difficult constructions, particularly subjunctive clauses and indirect discourse, so frequently that you cannot help but to develop proficiency identifying and translating them. Make educated guests as you read. If you guess correctly, the commentary will reaffirm your knowledge of the Latin. If you answer incorrectly, you will become more aware of your weaknesses and therefore more capable of correcting them.

3. Reread a passage immediately after you have completed it.

Repeated readings not only help you commit Latin to memory but also increase your ability to read the Latin as Latin. Always read the words out loud (or at least whisper them to yourself). While you may be inclined to translate the text into English as you reread, develop the habit of reading Latin as Latin.

4. Reread the most recent passage immediately before you begin a new one.

This additional repetition will strengthen your ability to recognize vocabulary, forms, and syntax quickly, bolster your confidence, and most importantly provide you with much-needed context as you begin the next selection in the text.

Running Core Vocabulary
(Words 15 or More Times)

The following four pages include all words that occur fifteen or more times in the myths in a running core vocabulary list. These words are not found within the vocabulary lists facing each page of Latin. The number in the left column is the page number where the core vocabulary word first occurs. For a single alphabetized list of these core words, consult the glossary.

Page

2　**ā, ab, abs**: from, away from; by, 72

2　**accipiō, -ere, accēpī, acceptum**: receive, get, accept, 26

2　**ad**: to, toward; near; for, 188

2　**annus, -ī m.**: year, 18

2　**at**: but; mind you, 27

2　**atque**: and; and also, and even, 21

2　**autem**: however, but; moreover, 81

2　**brevis, -e**: short, brief, 15

2　**capiō, capere, cēpī, captum**: take, capture, seize, 14

2　**coniciō, -ere, -iēcī, -iectum**: throw, hurl; throw together, 13

2　**cōnsilium, -iī n.**: plan, advice; council, assembly, 23

2　**cōnstituō, -ere, -uī, -ūtum**: decide, establish, resolve, 36

2　**cum**: with (abl.); when, since, although, 196

2　**dē**: from, down from; about, concerning, 29

2　**deus, -ī m.**: god, divinity, deity, 19

2　**dīcō, -ere, dīxī, dictum**: say, speak, tell, call, name, 17

2　**dō, dare, dedī, datum**: give; grant, allow, 42

2　**enim**: for, indeed, 77

2　**et**: and; also, even, 287

2　**faciō, -ere, fēcī, factum**: make, do, 89

2　**habitō (1)**: inhabit, live, 18

2　**hic, haec, hoc**: this, that, these, 222

2　**ibi**: there, 21

2　**igitur**: therefore, then, accordingly, 71

2　**ille, illa, illud**: that, those, 84

2　**in**: in (abl.) , into (acc.), 272

2　**īnsula, -ae f.**: island, 20

2　**ipse, ipsa, ipsum**: -self; the very, 50

2　**is, ea, id**: he, she, it; this, that, 230

2　**lītus, lītoris n.**: shore, beach, 19

2　**māgnōpere**: greatly, 15

2　**magnus, -a, -um**: great, large; important, 79

2　**mare, maris n.**: sea, 15

2　**multus, -a, -um**: much, many, 36

2　**omnis, omne**: every, all, 96

2　**Perseus, -ī m.**: Perseus, 26

2　**post**: after, behind (acc.); afterward, next, 32

2 **postquam**: after, when, 58
2 **puer, puerī, m.**: boy, 17
2 **quīdam, quaedam, quoddam**: a certain, 50
2 **rēx, rēgis m.**: king; *adj.* ruling, royal, 44
2 **sē**: himself, herself, itself, themselves, 115
2 **sum, esse, fuī, futūrum**: be, 422
2 **suus, -a, -um**: his, her, its, their (own), 84
2 **tamen**: nevertheless, however, 99
2 **tantus, -a, -um**: so great, so much, so large, 55
2 **tempestās, -tātis f.**: weather; storm, 17
2 **tempus, -poris n.**: time, 31
2 **tum**: then, at that time, 73
2 **videō, -ēre, vīdī, vīsum**: see, 50
2 **volō, velle, voluī**: will, wish, be willing, 22

4 **audiō, -īre, audīvī, audītum**: hear, listen to, 22
4 **caput, capitis, n.**: head; life, 20
4 **causa, -ae f.**: reason, cause; case, 31
4 **dum**: while, as long as, until, 35
4 **ē, ex**: from, out from, out of, 108
4 **etiam**: also, even,; besides, 17
4 **homō, -inis m./f.**: person, people, human, 21
4 **iam**: now, already, 29
4 **locus, -ī m. (pl. lōca)**: place, region, 51
4 **manus, -ūs f.**: hand, 16
4 **modus, -ī m.**: way, manner; *adv.* **modo**, only 38
4 **mōnstrum, -ī n.**: monster, 26
4 **per**: through, over, 23
4 **perveniō, -īre, -vēnī, -ventum**: come through, arrive, 19
4 **prīmus, -a, -um**: first, 16
4 **quaerō, -ere, quaesīvī, quaesītum**: seek, ask, search for, 21
4 **quī, quae, quod (quis? quid?)**: who, which, that; **quod**: because, 307
4 **referō, -ferre, rettulī, relātum**: report, bring back, 18
4 **rēs, reī, f.**: thing, matter, affair, business, 83
4 **saxum, -ī n.**: rock, 15
4 **speciēs, -ēī f.**: sight, look, appearance, aspect, 15
4 **statim**: immediately, 28
4 **tandem**: finally, at last, 28
4 **ubi**: where; when, 56
4 **ūnus, -a, -um**: one, 14
4 **veniō, -īre, vēnī, ventum**: come, go, 72

6 **animus, -ī m.**: mind, spirit; courage, pride, 18
6 **diēs, -ēī m./f.**: day, time, 46
6 **dolor, -ōris m.**: pain, grief, 17
6 **exspectō (1)**: wait for, await, look out for, 15
6 **fīlia, -iae f.**: daughter, 20

6 **gerō, -ere, gessī, gestum**: wage; carry on, wear, 18
6 **gravis, -e**: heavy, serious, severe, 16
6 **iubeō, -ēre, iussī, iussum**: order, 17
6 **mittō, -ere, -mīsī, missum**: send, let go, 18
6 **parō (1)**: prepare, 21
6 **perīculum, -ī n.**: danger, risk, 31
6 **subitō**: suddenly, 19
6 **timor, -ōris m.**: fear, 15
6 **trādō, -dere, -didī, -ditum**: give over, hand over or down, 20

8 **cōnferō, -ferre, -contulī, collātum**: bring together, gather, 18
8 **corpus, corporis, n.**: body, 19
8 **mox**: soon, 19
8 **nāvis, -is, f.**: ship, boat, 63
8 **neque**: and not; **neque…neque**: neither…nor, 27
8 **paucī, -ae, -a**: few, 22
8 **regiō, -ōnis f.**: region, district, 18
8 **rēgnum, -ī n.**: royal power, kingship; kingdom, 19
8 **salūs, -ūtis f.**: safety, security, health, 15
8 **sed**: but, 31
8 **sentiō, sentīre, sēnsī, sēnsum**: feel, perceive, 16
8 **sine**: without, 19
8 **solvō, -ere, solvī, solūtum**: loosen, release; set sail, 20

10 **cognōscō, -ere, -nōvī, -nitum**: learn, *pf.* know, 22
10 **dīmittō, -ere, -mīsī, -missum**: send away, dismiss, 8
10 **Hērculēs, -is m.**: Hercules 121
10 **pars, partis, f.**: part, share, 23
10 **redeō, -īre, rediī**: go back, return, 19
10 **urbs, urbis, f.**: city, 19

12 **habeō, -ēre, habuī, -itum**: have, hold; consider, 34
12 **interficiō, -ere, -fēcī, -fectum**: kill, 15
12 **iter, itineris n.**: journey; route, way, 19
12 **nōn**: not, 40
12 **paulus, -a, -um**: little, small, 16
12 **vīs, (vīs), f.**: force, power, violence; *pl.* **vīrēs**, strength, 23
12 **vir, virī m.**: man, male, 23

14 **bōs, bovis m./f. (dat./abl. bōbus)**: cow, ox, bull, 18
14 **proficīscor, -ī, profectus sum**: set out, depart, 19

16 **Eurystheus, -ī m.**: Eurystheus, 23
16 **possum, posse, potuī**: be able, can, 46

18 **cōnficiō, -ere**: complete finish, accomplish; exhaust, 16
18 **labor, -ōris m.**: labor, hardship, task, 22
18 **nūllus, -a, -um**: no, not any, 24

20 **auxilium, -ī n.**: help, aid, assistance, 19

20 coepī, coepisse, coeptum: begin, 16
20 ingēns (ingentis): huge, immense, 21
20 ita: so, thus, in this way, 25

22 prōgredior, -ī, prōgressus sum: advance, 17
22 reliquus, -a, um: remaining, left, 15
22 sī: if, 20
22 spēlunca, -ae f.: cave, 30
22 summus, -a, -um: highest, greatest, top of, 29
22 vīnum, -ī n.: wine, 16

24 īdem, eadem, idem: the same, 15
24 ēgredior, -ī, ēgressus sum: go out, disembark, 18

26 flūmen, -inis n.: river, 15
26 ut: so that, in order that (subj.); as, just as (ind.), 112

28 terra, -ae f.: land, earth, ground, 22

34 socius, -ī m.: comrade, companion; ally, 33

36 intellegō, -ere, -lēxī, -lēctum: understand, realize, 24

40 nē: so that…not, lest, 22

58 Iāsōn, -onis m.: Jason, 45

62 Argonautae, -ārum m.: Argonauts, 18

70 Mēdēa, -ae f.: Medea, 27

88 Ulixēs, -is m.: Ulysses, 43

92 Polyphēmus, -ī m.: Polyphemus, 19

104 Circē, -ēs f.: Circe, 15

Abbreviations

abs.	absolute	impf.	imperfect	pl.	plural
acc.	accusative	imper.	impersonal	plpf.	pluperfect
act.	active	indic.	indicative	pred.	predicate
adj.	adjective	i.o.	indirect object	prep.	preposition
adv.	adverb	ind.	indirect	pres.	present
app.	appositive	inf.	infinitive	pron.	pronoun
comp.	comparative	inter.	interrogative	quest.	question
dat.	dative	m.	masculine	reflex.	reflexive
dep.	deponent	n.	neuter	rel.	relative
d.o.	direct object	nom.	nominative	seq.	sequence
f.	feminine	obj.	object	sg.	singular
fut.	future	pple.	participle	subj.	subject
gen.	genitive	pass	passive	superl.	superlative
imp.	imperative	pf.	perfect	voc.	vocative

1s, 2s, 3s 1st, 2nd, 3rd person singular   1p, 2p, 3p 1st, 2nd, 3rd person plural

Well, when I did *Star Wars*, I consciously set about to recreate myths and the classic mythological motifs. And I wanted to use those motifs to deal with issues that existed today.

- George Lucas

To make the ancients speak, we must feed them with our own blood.

- von Wilamowitz-Moellendorff

1. THE ARK   1

Haec nārrantur ā poētīs dē Perseō. Perseus fīlius erat Iōvis, maximī
deōrum; avus eius Acrisius appellābātur. Acrisius volēbat Perseum
nepōtem suum necāre; nam propter ōrāculum puerum timēbat.
Comprehendit igitur Perseum adhūc īnfantem, et cum mātre in arcā   5
ligneā inclūsit. Tum arcam ipsam in mare coniēcit. Danaē, Perseī
māter, magnopere territa est; tempestās enim magna mare turbābat.
Perseus autem in sinū mātris dormiēbat.

2. JUPITER SAVES HIS SON   10

Iuppiter tamen haec omnia vīdit, et fīlium suum servāre cōnstituit.
Tranquillum igitur fēcit mare, et arcam ad īnsulam Serīphum
perdūxit. Huius īnsulae Polydectēs tum rēx erat. Postquam arca ad
lītus appulsa est, Danaē in harēnā quiētem capiēbat. Post breve
tempus ā piscātōre quōdam reperta est, et ad domum rēgis   15
Polydectis adducta est. Ille mātrem et puerum benignē excēpit, et
eīs sēdem tūtam in fīnibus suīs dedit. Danaë hoc dōnum libenter
accēpit, et prō tantō beneficiō rēgī grātiās ēgit.

3. PERSEUS IS SENT ON HIS TRAVELS   20

Perseus igitur multōs annōs ibi habitābat, et cum mātre suā vītam
beātam agēbat. At Polydectēs Danaën magnopere amābat, atque
eam in mātrimōnium dūcere volēbat. Hoc tamen cōnsilium Perseō
minimē grātum erat. Polydectēs igitur Perseum dīmittere cōnstituit.
Tum iuvenem ad sē vocāvit et haec dīxit: "Turpe est hanc ignāvam   25

Acrisius, -iī m.: Acrisius, 4
addūcō, -ere, -dūxī, -ctum: lead to, bring, 8
adhūc: still, 5
agō, agere, ēgī, āctum: drive, lead, spend, 13
amō (1): love, like, 1
appellō (1): call (by name), name, 12
appellō, -ere, -pulī, -pulsum: drive (to), 14
arca, -ae f.; chest, box, ark, 4
avus, avī m.: grandfather, 2
beātus, -a, -um: blessed, happy, 3
beneficium, -iī n.: benefit, favor; kindness, 8
benignus, -a, -um: kind, 4
comprehendō, -ere, -dī, -sum: grasp, seize, 3
Danaē, -ēs f.: Danae, 5
dēmittō, -ere, -mīsī, -missum: drop, 3
domus, -ūs f.: house, home, dwelling, 11
dōnum, -ī n.: gift, 6
dormiō, -īre, -īvī: sleep, 8
dūcō, -ere, dūxī, ductum: lead, draw, bring, 5
excipiō, ere, cēpī, ceptum: take out, receive 9
fīlius, -iī m.: son, 10
fīnis, -is m./f.: end, limit, border, boundary, 12
grātia, -ae f.: graditude, favor, thanks, 10
grātus, -a, -um: pleasing, grateful
harēna, -ae f.: sand
ignāvus, -a, -um: lazy, cowardly, 2
inclūdō, -ere, -ūsī, -ūsum: close in, shut in, 7
īnfāns, -fantis m. f.: infant, 2
Iuppiter, Iovis m.: Jupiter, 8
iuvenis, -is m.: youth, young man, 4
libenter: gladly, willingly, 12

ligneus, -a, -um: wooden, of wood
māter, mātris f.: mother, 9
mātrimōnium, -iī n.: marriage, 6
maximus, -a, -um: greatest, 9
minimē: least, by no means, not at all
nam: for, 6
nārrō (1): narrate, relate, 7
necō (1): kill, slay, put to death, 9
nepōs, nepōtis m.: grandson, decendent, 2
ōrāculum, -ī n.: oracle, 11
perdūcō, -ere, -dūxī, -ctum: lead through, 4
piscātor, piscātōris m.: fisherman
poēta, -ae m.: poet, 4
Polydectēs, -is m.: Polydectes, 7
prō: before, in front of, for, 9
propter: on account of, because of, 6
quiēs, quiētis f.: rest, repose, sleep, 5
reperiō, -īre, repperī, repertum: find, 9
sēdēs, sēdis f.: seat; abode, home, 5
Seriphus, -ī m.: Seriphos (an island)
servō (1): save, keep, preserve
sinus, -ūs m.: bosom, lap
terreō, -ēre, -uī, territum: terrify, scare, 5
timeō, -ēre, -uī: fear, dread, 6
tranquillus, -a, -um: calm, tranquil
turbō (1): confuse, disturb, 3
turpis, turpe: ugly, shameful
tūtus, -a, -um: safe, secure, 3
vīta, -ae, f.: life, 9
vocō (1): call, summon, invoke, 2

---

2 **haec**: *these (things)*; neut. pl.
  dē: *about…*
  Iovis: *of Jupiter*; Iūppiter declines in the 3rd
  decl.: Iuppiter, Iovis, Iovī, Iovem and Iove
3 **eium**: gen. sg. of is, ea, id
  Acrisius: pred. nom. of appellābātur
4 **suum**: *his*; reflexive possessive adj., use the
  subject ('su' as in subject!) to translate
6 **in mare**: acc. place to which, neuter sg.
  Danaē: Greek nom., the two dots
  (diaeresis) indicate that the 'e' is
  pronounced separately from the 'a'
7 **tempestās**: nom. sg., fem. 3rd decl.
9 **sinū**: 4th decl. abl. sg.
11 **haec omnia**: neuter acc. pl., add 'things'
12 **fēcit**: *made* (x) (y); tranquillum is an adj.
  in the predicative position: not 'tranquil
  sea' but 'sea tranquil'
10 **huius īnsulae**: gen. sg. with rex; –ius

is a common gen. pronoun ending (hic)
14 **quiētam capiēbat**: *was taking a rest*
15 **quō-dam**: *a certain*; the suffix -dam never
  declines but the first half of this indefinite
  adjective does and modifies piscātōre (abl)
16 **benignē**: *kindly*; -ē indicates an adv.
17 **eīs**: dat. pl. is, ea, id; ind. obj. of dedit
18 **prō**: *(in return) for*
  rēgī: dat. sg. 3rd decl. noun rex, rēgis
  grātiās ēgit: *gave thanks*; common
  idiom for grātiās āgo, here pf.
21 **multōs annōs**: *for…*; acc. duration
22 **agēbat**: *was living/spending*; common
  idiom for vītam agō; cf. line 18
  Danaēn: Greek accusative ('n' not 'm')
23 **Perseō**: dat. of reference with grātum
25 **haec**: neuter pl., supply 'things'
  Turpe est: *it is shameful to*; the adj. turpis,
  turpe is neut. because an inf. is subject

vītam agere; iam dūdum tū adulēscēns es. Quō ūsque hīc manēbis?   1
Tempus est arma capere et virtūtem praestāre. Hinc abī, et caput
Medūsae mihi refer."

4. PERSEUS GETS HIS OUTFIT   5

Perseus ubi haec audīvit, ex īnsulā discessit, et postquam ad
continentem vēnit, Medūsam quaesīvit. Diū frūstrā quaerēbat;
namque nātūram locī ignorābat. Tandem Apollō et Minerva viam
dēmōnstrāvērunt. Prīmum ad Graeās, sorōrēs Medūsae, pervēnit.
Ab hīs tālāria et galeam magicam accēpit. Apollō autem et   10
Minerva falcem et speculum eī dedērunt. Tum postquam tālāria
pedibus induit, in āera ascendit. Diū per āera volābat; tandem
tamen ad eum locum vēnit ubi Medūsa cum cēterīs Gorgonibus
habitābat. Gorgonēs autem mōnstra erant speciē horribilī; capita
enim eārum anguibus omnīnō contēcta erant. Manūs etiam ex aere   15
factae erant.

5. THE GORGON'S HEAD

Rēs difficillima erat caput Gorgonis abscīdere; eius enim cōnspectū
hominēs in saxum vertēbantur. Propter hanc causam Minerva   20
speculum Perseō dederat. Ille igitur tergum vertit, et in speculum
inspiciēbat; hōc modō ad locum vēnit ubi Medūsa dormiēbat. Tum
falce suā caput eius ūnō ictū abscīdit. Cēterae Gorgonēs statim ē
somnō excitātae sunt, et ubi rem vīdērunt, īrā commōtae sunt.
Arma rapuērunt, et Perseum occīdere volēbant. Ille autem dum   25
fūgit, galeam magicam induit; et ubi hoc fēcit, statim ē cōnspectū
eārum ēvāsit.

abeō, -īre, -iī, -itum: go away, depart, 6
abscīdō, -ere, -cīdī, -cīsum: cut away or off, 5
adulēscēns, -entis: young (man), youth(ful), 3
āēr, āeris m. (acc. āera): air, 6
aes, aeris n.: bronze
agō, agere, ēgī, āctum: drive, lead, spend, 13
anguis, -is m. f.: serpent, snake
Apollō, Apollinis m.: Apollo, 7
arma, -ōrum n.: arms, equipment, tools, 6
ascendō, -ere, -ī, -ēnsum: ascend, mount, 3
cēterī, -ae, -a: the other, remaining, 2
commoveō, -ēre, -mōvī, -mōtum: move, trouble, upset, 14
cōnspectus, -ūs m.: sight, view, 6
contegō, -ere, -tēxī, -tēctum: cover
contineō, -ēre, -nuī, -tentum: hold or keep together, 4
dēmōnstrō (1): show, demonstrate, 13
difficilis, -e: hard, difficult, troublesome, 6
discēdō, -ere, -cessī, -sum: go away, depart, 4
diū: a long time, long, 13
dormiō, -īre, -īvī: sleep, 8
dūdum: + iam, for a while, a long time, 2
ego: I, 9
ēvādō, -ere, ēvāsī, ēvāsum: go out, escape, 9
excitō (1): excite, rouse, incite, 8
falx falcis f.: sickle, 2
frūstrā: in vain, for nothing, 13
fugiō, fugere, fūgī, --: flee, hurry away, 9
galea, -ae f.: helmet, 3
Gorgō, -onis f.: Gorgon, 4
Graeae, -ārum f.: Gray sisters, the Graeae

hinc: from this place, hence
horribilis, -e: horrible, dreadful, 11
ictus, -ūs m.: strike, blow, 4
ignōrō (1): not know, be ignorant, 5
induō, -ere, induī, indūtum: put on, 8
īnspiciō, -ere, -spexī, -spectum: look upon
īra, īrae f.: anger, 12
magicus, -a, -um: magic, 5
maneō, -ēre, mānsī, mansūrum: stay, wait, 9
Medūsa, -ae f.: Medusa, 6
Minerva, -ae f.: Minerva, 4
namque: for, 2
nātūra, -ae. f.: nature, 9
occīdō, -ere, -cīdī, -cīsum: kill, cut down, 14
omnīnō: altogether, wholely, entirely, 11
pēs, pedis m.: foot, 8
praestō, -stāre, -stitī: stand in front, show, 6
propter: on account of, because of, 6
rapiō, -ere, rapuī, raptum: seize, snatch, 5
somnus, -ī m.: sleep, 14
soror, sorōris f.: sister
speculum, -ī n.: mirror, 3
tālāria, -ium: winged shoes, 4
tergum, -ī n.: back, 8
tū: you, 10
ūsque: all the way to, up to, continuously, 2
vertō, -ere, vertī, versum: turn, 4
via, -ae, f.: way, road, 4
virtūs, -ūtis f.: valor, manhood, excellence, 10
vīta, -ae, f.: life, 9
volō (1): fly, 3

1 **agere**: *live*; idiom, see p. 2, line 22
   iam dūdum: *now for a long time*; often as one word
   es: 2s pres. sum
   quō ūsque: *for how long...?*; 'up to what'
   hīc: note the long vowel 'ī' indicates that this is the adverb 'here' not the pronoun
2 **Tempus est**: *it is time*; infinitives are subj.
   hinc: *from here*; compare hīc above
   abī: sg. imperative abeō
3 **mihi**: dat. sg. ego
   refer: sg. imperative, 3rd conj. referō does not retain the final "e." Consider the mnemonic: 'dīc, dūc, fac and fer should have an "e" but it isn't there.'
7 **frūstrā**: a common adverb
   Graeae: these 3 sisters to the Gorgons had

one eye, which they shared; Perseus stole the eye until they told him what he wanted
11 **eī**: *to...*; dat. sg. ind. obj. of is, ea, id
12 **pedibum**: *on...*; dat. pl. with compound verb (make prefix "in-" into a preposition)
14 **speciē horribilī**: *of horrible appearance*; abl. of quality with monstra, horribilī is i-stem 3rd decl. abl., speciē is 5th decl. abl.
15 **aere**: *bronze*; abl. of aes, not āēr
19 **difficillima**: superlative difficilis
   eius...cōnspectū: gen. sg. the Gorgon's
22 **hōc modō**: *in this way*; abl. of manner
24 **ubi**: *when*; i.e. 'at this point' in time/place
   īrā: *by anger*; abl. of cause or means
   commōtae sunt: *were moved*; they are moved emotionally, not physically

6. THE SEA-SERPENT   1

Post haec Perseus in fīnēs Aethiopum vēnit. Ibi Cēpheus quīdam
illō tempore regnābat. Hīc Neptūnum, maris deum, ōlim
offenderat; Neptūnus autem mōnstrum saevissimum mīserat. Hoc
cotīdiē ē marī veniēbat et hominēs dēvorābat. Ob hanc causam 5
pavor animōs omnium occupāverat. Cēpheus igitur ōrāculum deī
Hammōnis cōnsuluit, atque ā deō iussus est fīliam mōnstrō trādere.
Eius autem fīlia, nōmine Andromeda, virgō fōrmōsissima erat.
Cēpheus ubi haec audīvit, magnum dolōrem percēpit. Volēbat
tamen cīvēs suōs ē tantō perīculō extrahere, atque ob eam causam 10
imperāta Hammōnis facere cōnstituit.

7. A HUMAN SACRIFICE

Tum rēx diem certam dīxit et omnia parāvit. Ubi ea diēs vēnit,
Andromeda ad lītus dēducta est, et in cōnspectū omnium ad rūpem 15
alligāta est. Omnēs fātum eius dēplōrābant, nec lacrimās tenēbant.
At subitō, dum mōnstrum exspectant, Perseus accurrit; et ubi
lacrimās vīdit, causam dolōris quaerit. Illī rem tōtam expōnunt et
puellam dēmōnstrant. Dum haec geruntur, fremitus terribilis
audītur; simul mōnstrum horribilī speciē procul cōnspicitur. Eius 20
cōnspectus timōrem maximum omnibus iniēcit. Mōnstrum magnā
celeritāte ad lītus contendit, iamque ad locum appropinquābat ubi
puella stābat.

8. THE RESCUE

At Perseus ubi haec vīdit, gladium suum ēdūxit, et postquam tālāria 25
induit, in āera sublātus est. Tum dēsuper in mōnstrum impetum
subitō fēcit, et gladiō suō collum eius graviter vulnerāvit.

accurrō, -ere, -cucurrī, -cursum: run to, 2
āēr, āeris m. (acc. āera): air, 6
Aethiopēs, -um m.: Ethiopians, 2
alligō (1): bind to, tie to, 2
Andromeda, -ae f.: Andromeda, 4
appropinquō (1): come near, approach, 8
celeritās, -tātis f.: speed, quickness, 7
Cēpheus, -ī m.: Cepheus, 5
certus, -a, -um: fixed, sure, 11
cīvis, -is m/f: citizen, fellow citizen, 5
collum, -ī n.; neck, 6
cōnspectus, -ūs m.: sight, view, 6
cōnspiciō, -ere, -exī, -ectum: catch sight of, 3
contendō, -ere, -ī, -tum: hasten; fight, 11
cotīdiē: daily, 2
dēdūcō, -ere: lead or bring down, launch, 10
dēmōnstrō (1): show, demonstrate, 13
dēplōrō (1): lament, weep
dēsuper: from above, 2
dēvorō (1): swallow down, devour, 4
ēdūcō, -ere, -dūxī, -ductum: lead out, draw, 3
expōnō, -ere, -suī, -situm: set out, explain 7
extrahō, -ere, -trāxī, -tractum: draw out, 2
fātum, -ī n.: fate, ruin, death, 2
fīnis, -is m./f.: end, limit, border, boundary, 12
fōrmōsus, -a, -um: shapely, beautiful, 2
fremitus, -ūs m.: roaring, roar, 2
gladius, -ī m.: sword, 10
Hammōn, -ōnis m.: Hammon (Jupiter), 2
horribilis, -e: horrible, dreadful, 11
imperō (1): order, command, 12

impetus, -ūs m.: attack, onset, assault, 9
induō, -ere, induī, indūtum: put on, 8
iniciō, -ere, -iēcī, -iectum: throw in or upon, 2
lacrima, -ae f.: tear, 10
maximus, -a, -um: greatest, 9
nec: and not, nor, 10
Neptūnus, -ī m.: Neptune, 4
nōmen, nōminis, n.: name, 12
ob: on account of (acc.), 13
occupō (1): occupy, seize, 8
offendō, -ere, offendī, offēnsum: offend
ōlim: once, formerly, 10
ōrāculum, -ī n.: oracle, 11
pavor, pavōris m.: terror, panic
percipiō, -ere, -cēpī, -ceptum: receive, perceive, get, 5
procul: from afar, from a distance, 5
puella, -ae f.: girl, 8
que: and, 14
rēgnō (1): rule, reign, 3
rūpēs, rūpis f.: rock, cliff, 6
saevus, -a, -um: savage, fierce, 3
simul: at the same time; at once, together, 10
stō, -āre, stetī, stātum: stand, 8
tālāria, -ium: winged shoes, 4
teneō, tenēre, tenuī, tentum: hold, keep 13
terribilis, -e: terrible, dreadful, 5
tollō, -ere, sustulī, sublātum: raise, lift up 10
tōtus -a, -um: whole, entire, 14
virgō, virginis f.: maiden, 2
vulnerō (1): wound, injure, 7

---

2 in fīnēs: *into the borders*; usual meaning
3 illō tempore: *at…*; abl. of time when
    hīc: *here*; adv.
3 saevissimum: superlative adj. saevus
    Hoc: *this one*; neut. sg. subject; "this
    (monster)," monstrum is neuter
5 marī: abl. sg. 3rd decl. i-stem noun
6 omnium: gen. pl. 3rd decl. i-stem adj.
    deī Hammōnis: *of the god Hammon*; a
    north African god often identified with
    Jupiter/Zeus, sometimes spelled 'Ammon'
7 mōnstrō: dat. sg. ind. obj. of trādere
8 nōmine: *by name*; abl. of respect
    virgō: nom. sg. predicate
9 haec: *these (things)*; neut. acc. pl.
    volēbat: impf. of volō, velle, 'to wish,'
    not from volō, volāre, "to fly"
10 ob eam causam: *for this reason*
11 imperāta: *commands*; 'things having

been commanded' neuter acc. pl. PPP
    (pf. pass. pple) imperō
14 diem certam dīxit: *appointed a…day*
    omnia: neut pl. acc. 3rd decl. i-stem
    ea: *this*; *is, ea, id* as an adj. is a
    demonstrative which can be translated
    as "this/these" or "that/those"
16 eium: *her*; gen. fem. sg. is, ea, id
    expōnunt: *explain*; 'set out (in detail)'
20 horribilī speciē: *of…*; see p. 5, line 14
    eium: *of this one*; or 'of it,' i.e. monstrum
21 omnibum: *upon all*; dat. of compound
    magnā celeritāte: *with..*; abl. manner
    often 'cum' missing when there is an adj.
26 sublātus est: 3s pf. pass. tollō
    in mōnstrum: *against…*; often in an attack
    impetum…fēcit: *made an attack*
27 eium: *his*; 'of that one,' gen. sg.

Mōnstrum ubi sēnsit vulnus, fremitum horribilem ēdidit, et sine   1
morā tōtum corpus in aquam mersit. Perseus dum circum lītus
volat, reditum eius exspectābat. Mare autem intereā undique
sanguine īnficitur. Post breve tempus belua rūrsus caput sustulit;
mox tamen ā Perseō ictū graviōre vulnerāta est. Tum iterum sē in   5
undās mersit, neque posteā vīsa est.

9. THE REWARD OF VALOR

Perseus postquam ad lītus dēscendit, prīmum tālāria exuit; tum ad
rūpem vēnit ubi Andromeda vīncta erat. Ea autem omnem spem   10
salūtis dēposuerat, et ubi Perseus adiit, terrōre paene exanimāta
erat. Ille vincula statim solvit, et puellam patrī reddidit. Cēpheus ob
hanc rem maximō gaudiō affectus est. Meritam grātiam prō tantō
beneficiō Perseō rettulit; praetereā Andromedam ipsam eī in
mātrimōnium dedit. Ille libenter hoc dōnum accēpit et puellam   15
dūxit. Paucōs annōs cum uxōre suā in eā regiōne habitābat, et in
magnō honōre erat apud omnēs Aethiopēs. Magnopere tamen
mātrem suam rūrsus vidēre cupiēbat. Tandem igitur cum uxōre suā
ē rēgnō Cēpheī discessit.

                                                                  20

10. POLYDECTES IS TURNED TO STONE

Postquam Perseus ad īnsulam nāvem appulit, sē ad locum contulit
ubi māter ōlim habitāverat, sed domum invēnit vacuam et omnīnō
dēsertam. Trēs diēs per tōtam īnsulam mātrem quaerēbat; tandem
quartō diē ad templum Diānae pervēnit. Hūc Danaë refūgerat, quod   25

adeō, -īre, -i(v)ī: go to, approach, 4
Aethiopēs, -um m.: Ethiopians, 2
afficiō, -ere, -fēcī, fectum: influence, treat, 13
Andromeda, -ae f.: Andromeda, 4
appellō, -ere, -pulī, -pulsum: drive (to), 14
apud: among, in the presence of (+ acc.), 9
aqua, -ae f.: water, 11
belua, -ae f.: beast, brute, monster
beneficium, -iī n.: benefit, favor; kindness, 8
Cēpheus, -ī m.: Cepheus, 5
circum: around, about, at, near (acc.)
cupiō, -ere, -īvī, -ītum: desire, long for, 4
Danaē, -ēs f.: Danae, 5
dēpōnō, -ere, -suī, -situm: put down/aside, 9
dēscendō, -ere, -ndī, -scēnsum: descend, 4
dēserō, -ere, -uī, -sertum: desert, 2
Diāna, -ae f.: Diana
discēdō, -ere, -cessī, -sum: go away, depart, 4
domus, -ūs f.: house, home, dwelling, 11
dōnum, -ī n.: gift, 6
dūcō, -ere, dūxī, ductum: lead, draw, bring, 5
ēdō, -ere, ēdidī, ēditum: give out, put forth, 3
exanimō (1): kill, exhaust, 9
exuō, -ere, -uī, -ūtum: take off, put off
fremitus, -ūs m.: roaring, roar, 2
gaudium, -iī n.: gladness, joy, 9
grātia, -ae f.: graditude, favor, thanks, 10
honor, -ōris m.: honor, glory; offering, 4
horribilis, -e: horrible, dreadful, 11
hūc: this place, hither, 2
ictus, -ūs m.: strike, blow, 4
īnficiō, -ere, -fēcī, -fectum: stain, dye, 4
intereā: meanwhile, 7
inveniō, -īre, -vēnī, -ventum: find, discover 8
iterum: again, a second time, 3
libenter: gladly, willingly, 12
māter, mātris f.: mother, 9

mātrimōnium, -iī n.: marriage, 6
maximus, -a, -um: greatest, 9
mergō, mergere, mersī, mersum: sink, 3
meritus, -a, -um: deserved, due, just, 4
mora, -ae f.: delay, hesitation, hindrance, 14
ob: on account of (acc.), 13
ōlim: once, formerly, 10
omnīnō: altogether, wholely, entirely, 11
paene: almost, nearly, 8
pater, patris, m.: father, 12
posteā: after this, afterwards, 7
praetereā: besides, moreover, 3
prō: before, in front of, for, 9
puella, -ae f.: girl, 8
quartus, -a, -um: one-fourth, 3
reddō, -ere, didī, dditum: give back, render 4
reditus, -ūs m.: return, 5
refugiō, -ere, -fūgī: flee back, 5
rūpēs, rūpis f.: rock, cliff, 6
rūrsus: again, backward, back, 7
sanguis, sanguinis m.: blood, 6
spēs, -eī f.: hope, 15
tālāria, -ium: winged shoes, 4
templum, -ī n.: temple, 3
terror, terrōris m.: terror, fright, 4
tollō, -ere, sustulī, sublātum: raise, lift up 10
tōtus -a, -um: whole, entire, 14
trēs, tria: three, 9
unda, -ae f.: wave
undique: from everywhere, from all sides, 7
uxor, uxōris f.: wife, spouse, 10
vacuus, -a, -um: empty, fear, vacant
vīnciō, -īre, vīnxī, vīnctum: bind, tie, 4
vinculum, -ī n.: bond, chain, 4
volō (1): fly, 3
vulnerō (1): wound, injure, 7
vulnus, -eris n.: wound, blow, 6

---

1 **ēdidit**: ē/ex + dedit, in compound verbs vowels 'a' and 'e' often become 'i'
4 **sustulit**: pf. tollō, belua is subject
5 **graviōre**: *graver*; or 'more serious,' abl. sg. comparative adj. gravis, -e
9 **prīmum**: *first (of all)*; adverbial acc.
11 **salūtis**: *for safety*; objective gen., it is equivalent to the obj. of a verb 'hope'
   adiit: pf. ad-eō
   terrōre: abl. of cause
12 **patrī**: dat. ind. obj. of rē + dedit
   reddidit: red-dedit, pf. red-dō (give back), compare to red-it from red-eō (go back)

13 **maximō gaudiō**: *with*...; abl. manner, without "cum" when modified by adj.
   prō: *(in return) for*...
14 **rettulit**: pf. referō with a dat. ind. obj.
   eī: dat. sg., *is, ea, id*
16 **paucōs annōs**: *for*...; acc. of duration
23 **eā**: *this*; demonstrative adj. with regiōne
22 **sē contulit**: *carried himself*; pf. cōnferō, a common expression for 'went,' 'moved'
23 **domum**: fem. sg. modified by 2 adjectives
24 **trēs diēs**: *for*...; acc. of duration
25 **quartō diē**: *at*...; abl. time when
   hūc: *(to) here*; see also hīc and hinc

Polydectem timēbat. Perseus ubi haec cognōvit, īrā magnā 1
commōtus est; ad rēgiam Polydectis sine morā contendit, et ubi eō
vēnit, statim in ātrium irrūpit. Polydectēs magnō timōre affectus est
et fugere volēbat. Dum tamen ille fugit, Perseus caput Medūsae
mōnstrāvit; ille autem simul atque hoc vīdit, in saxum versus est. 5

11. THE ORACLE FULFILLED

Post haec Perseus cum uxōre suā ad urbem Acrisī rediit. Ille autem
ubi Perseum vīdit, magnō terrōre affectus est; nam propter
ōrāculum istud nepōtem suum adhūc timēbat. In Thessaliam igitur 10
ad urbem Larīsam statim refūgit, frūstrā tamen; neque enim fātum
suum vītāvit. Post paucōs annōs rēx Larīsae lūdōs magnōs fēcit;
nuntiōs in omnēs partēs dīmīserat et diem ēdīxerat. Multī ex
omnibus urbibus Graeciae ad lūdōs convēnērunt. Ipse Perseus inter
aliōs certāmen discōrum iniit. At dum discum conicit, avum suum 15
cāsū occīdit; Acrisius enim inter spectātōrēs eius certāminis forte
stābat.

12. THE HATRED OF JUNO

Herculēs, Alcmēnae fīlius, ōlim in Graeciā habitābat. Hic omnium 20
hominum validissimus fuisse dīcitur. At Iūnō, rēgīna deōrum,
Alcmēnam ōderat et Herculem adhūc īnfantem necāre voluit. Mīsit
igitur duās serpentēs saevissimās; hae mediā nocte in cubiculum
Alcmēnae vēnērunt, ubi Herculēs cum frātre suō dormiēbat. Nec
tamen in cūnīs, sed in scūtō magnō cubābant. Serpentēs iam 25
appropinquāverant et scūtum movēbant; itaque puerī ē somnō
excitātī sunt.

Acrisius, -iī m.: Acrisius, 4
adhūc: still, 5
afficiō, -ere, -fēcī, fectum: influence, treat, 13
Alcmēna, -ae f.: Alcmena, 4
alius, -a, -ud: other, another, else, 9
appropinquō (1): come near, approach, 8
atrium, atriī n.: atrium, 3
avus, avī m.: grandfather, 2
cāsus, -ūs m.: misfortune, accident, event, 8
certāmen, -minis n.: struggle, contest, 2
commoveō, -ēre, -mōvī, -mōtum: move, trouble, upset, 14
contendō, -ere, -ī, -tum: hasten; fight, 11
cōnveniō, -īre, vēnī, ventum: come together 8
cubiculum, -ī n.: bedroom
cubō (1): lie down, recline
cūnae, -ārum f.: cradle
discus, -ī m.: discus, 2
dormiō, -īre, -īvī: sleep, 8
duo, duae, duo: two, 10
ēdīcō, -ere, -xī, -dictum: declare, proclaim, 4
excitō (1): excite, rouse, incite, 8
fātum, -ī n.: fate, ruin, death, 2
fīlius, -iī m.: son, 10
fors, fortis f.: luck, chance; *forte* by chance, 2
frāter, -tris m.: brother, 5
frūstrā: in vain, for nothing, 13
fugiō, fugere, fūgī, --: flee, hurry away, 9
Graecia, -ae f.: Greece, 7
ineō, -īre, -iī, -itum: go into, enter, 4
īnfāns, -fantis m. f.: infant, 2
irrumpō, -ere, -rūpī, -ruptum: burst in, 2
inter: between, among (+ acc.), 10
īra, īrae f.: anger, 12
iste, ista, istud: that or those (of yours), 7
itaque: and so, 8
Iūnō, -ōnis m.: Juno, 3

Lārīsa, -ae f.: Larisa, 2
lūdus, -ī m.: game, sport; school, 2
medius, -a, -um: middle of, 10
Medūsa, -ae f.: Medusa, 6
mōnstrō (1): show, demonstrate, 3
mora, -ae f.: delay, hesitation, hindrance, 14
moveō, -ēre, mōvī, mōtum: move, arouse, 3
nam: for, 6
nec: and not, nor, 10
necō (1): kill, slay, put to death, 9
nepōs, nepōtis m.: grandson, decendent, 2
nox, noctis, f.: night, 7
nūntius, -iī m.: messenger, 12
occīdō, -ere, -cīdī, -cīsum: kill, cut down, 14
ōdī, -isse: hate
ōlim: once, formerly, 10
ōrāculum, -ī n.: oracle, 11
Polydectēs, -is m.: Polydectes, 7
propter: on account of, because of, 6
refugiō, -ere, -fūgī: flee back, 5
rēgia, -ae f.: palace, 4
rēgīna, -ae f.: queen, 2
saevus, -a, -um: savage, fierce, 3
scūtum, -ī n.: shield, 2
serpēns, serpentis f.: serpent, 6
simul: at the same time; at once, together, 10
somnus, -ī m.: sleep, 14
spectātor, -tōris m.: spectator, observer
stō, -āre, stetī, stātum: stand, 8
terror, terrōris m.: terror, fright, 4
Thessalia, -ae f.: Thessaly, 4
timeō, -ēre, -uī: fear, dread, 6
uxor, uxōris f.: wife, spouse, 10
validus, -a, -um: strong
vertō, -ere, vertī, versum: turn, 4
vītō (1): avoid, 2

---

1 **haec**: *these (things)*; neut. substantive
  īrā...commōtus est: see p. 5, line 24
2 **contendit**: *hastened*; common in Caesar
  eō: *(to) there*; adv.; ibi is "there," inde is "from there," and eō is "to there"
3 **magnō timōre**: abl. of means
5 **simul atque**: *as soon as*; 'at the same time as'
8 **rediit**: pf. red-eō
9 **magnō terrōre**: abl. of means
10 **istud**: neut. sg. with ōrāculum (cf. illud)
11 **frūstrā**: adverb
12 **fēcit**: *produced*; i.e. organized

13 **partēs**: *directions*
  ēdīxerat: *appointed*
14 **ad**: *for...*; ad often expresses purpose
15 **iniit**: pf. in-eō
16 **cāsū**: *by chance*; 4th decl. abl. of manner
  eium: *of that...*; demon. adjective
  forte: *by chance*; abl. as adverb, fors
21 **omnium hominum**: *of...*; partitive gen.
  fuisse dīcitur: *is said to have been*; pf. inf. sum; superlative validissimus as pred.
22 **ōderat**: plpf., simple past in sense
23 **hae (serpentēs)**: *these*; nom. subject
  mediā nocte: *in...*; abl. of time when

13. HERCULES AND THE SERPENTS   1

Īphiclēs, frāter Herculis, magnā vōce exclāmāvit; sed Herculēs
ipse, fortissimus puer, haudquāquam territus est. Parvīs manibus
serpentēs statim prehendit, et colla eārum magnā vī compressit.
Tālī modō serpentēs ā puerō interfectae sunt. Alcmēna autem, 5
māter puerōrum, clāmōrem audīverat, et marītum suum ē somnō
excitāverat. Ille lūmen accendit et gladium suum rapuit; tum ad
puerōs properābat, sed ubi ad locum vēnit, rem mīram vīdit,
Herculēs enim rīdēbat et serpentēs mortuās mōnstrābat.

                                                                    10

14. THE MUSIC-LESSON

Herculēs ā puerō corpus suum dīligenter exercēbat; magnam
partem diēī in palaestrā cōnsūmēbat; didicit etiam arcum intendere
et tēla conicere. Hīs exercitātiōnibus vīrēs eius cōnfirmātae sunt. In
musicā etiam ā Linō centaurō ērudiēbātur (centaurī autem equī 15
erant sed caput hominis habēbant); huic tamen artī minus dīligenter
studēbat. Hic Linus Herculem ōlim obiurgābat, quod nōn studiōsus
erat; tum puer īrātus citharam subitō rapuit, et omnibus vīribus
caput magistrī īnfēlīcis percussit. Ille ictū prōstrātus est, et paulō
post ē vītā excessit, neque quisquam posteā id officium suscipere 20
voluit.

15. HERCULES ESCAPES SACRIFICE

Dē Hercule haec etiam inter alia nārrantur. Ōlim dum iter facit, in
fīnēs Aegyptiōrum vēnit. Ibi rēx quīdam, nōmine Būsīris, illō 25
tempore rēgnābat; hic autem vir crūdēlissimus hominēs immolāre
cōnsuēverat. Herculem igitur corripuit et in vincula coniēcit. Tum

accendō, -ere, -ndī, -cēnsum: kindle, light, 2
Aegyptiī, -ōrum m.: Egyptians
Alcmēna, -ae f.: Alcmena, 4
alius, -a, -ud: other, another, else, 9
arcus, -ūs m.; bow, 4
ars, artis f.: skill, craft, art, 5
Būsīris, -idis m.: Busiris
centaurus, -ī m.: centaur, 12
cithara, -ae f.: cithera, lyre
clāmor, -ōris m.: shout, roar, applause, 4
collum, -ī n.; neck, 6
comprimō, -ere, -pressī: press together, 2
cōnfirmō (1): make strong, strengthen, 5
cōnsuēscō, -ere, -ēvī, -suētum: accustom, 3
cōnsūmō, -ere, -mpsī, -mptum: take, spend 9
corripiō, -ere, -uī, -reptum: snatch (up), 6
crūdēlis, -e: cruel, bitter, bloody, 6
diligenter: carefully, diligently, 3
discō, -ere, didicī: learn, come to know
equus, -ī m.: horse, 7
ērudiō, -īre, -īvī, -ītum: instruct
excēdō, -ere, -cessī, -cessum: go out, depart, 2
excitō (1): excite, rouse, incite, 8
exclāmō (1): cry out, 3
exerceō, -ēre, -uī, -ercitum: train, exercise.
exercitātiō, -tiōnis f.: training, exercise
fīnis, -is m./f.: end, limit, border, boundary, 12
fortis, -e: strong, brave, valiant, 5
frāter, -tris m.: brother, 5
gladius, -ī m.: sword, 10
haudquāquam: not at all, in no way, 2
ictus, -ūs m.: strike, blow, 4
immolō, -āre, -āvī, -ātum: sacrifice
īnfēlīx, -fēlīcis: unhappy, unfortunate, 2
intendō, -ere, -ndī, -ntum: stretch out, aim, 4
inter: between, among (+ acc.), 10
Īphiclēs, -is m.: Iphicles

īrātus, -a, -um: angry, 5
Linus, -ī m.: Linus, 2
lūmen, lūminis n.: light, 3
magister, magistrī m.: teacher
marītus, -ī m.: husband, 3
minum: less
mīrus, -a, -um: wonderful, amazing, 7
mōnstrō (1): show, demonstrate, 3
mortuus, -a, -um: dead, 7
mūsica, -ae f.: music
nārrō (1): narrate, relate, 7
nōmen, nōminis, n.: name, 12
obiurgō (1): child, scold, reproach, 2
officium, -iī, n.: duty, 2
ōlim: once, formerly, 10
palaestra, -ae f.: wrestling-court
parvus, -a, -um: small, 3
percutiō, -ere, -cussī, -cussum: strike, 2
posteā: after this, afterwards, 7
prehendō, -ere, -hendī, -hēnsum: seize, 5
properō (1): hasten
prōsternō, -ere, -strāvī, -ātum: lay out, 3
quisquam, quidquam: anyone, anything, 4
rapiō, -ere, rapuī, raptum: seize, snatch, 5
rēgnō (1): rule, reign, 3
rīdeō, -ēre, rīsī, -rīsum: laugh
serpēns, serpentis f.: serpent, 6
somnus, -ī m.: sleep, 14
studeō, -ēre, -uī: be eager, be enthusiastic
studiōsus, -a, -um: eager, diligent, studious
suscipiō, -ere, -cēpī, -ceptum: undertake, 14
tālis, -e: such, 6
tēlum, -ī n.: weapon, arrow, spear, 3
terreō, -ēre, -uī, territum: terrify, scare, 5
vinculum, -ī n.: bond, chain, 4
vīta, -ae, f.: life, 9
vōx, vōcis, f.: voice, 9

---

1 **magnā vōce**: *in a loud...*; abl. of manner, loses prep. 'cum' when there is an adj.
3 **magnā vī**: *with great force*; abl. of manner; irreg. abl. sg. vīs
4 **tālī modō**: *in such a way*; abl. of manner, abl. sg. 3rd decl. i-stem adj. tālis, -e
12 **ā puerō**: *from boyhood*
13 **diēī**: partitive gen. sg. 5th decl. diēs
   didicit: pf. discō
14 **vīrēs**: *strength*; fem. pl. of vīs, which translates as 'force' in the sg.
   eium: gen. sg., is, ea, id
16 **huic...artī**: dat. sg. ars, artis f.; obj. of

   studeō, 'be eager or enthusiastic for (dat.)'
16 **minum**: comp. adv. modifies dīligenter
18 **vīribum**: cf. line 14, abl. of means, note that this word is 3rd decl. while vir, virī 'man' is 2nd decl.
19 **paulō**: *(by) a little*; abl. of degree of difference modifies adverbial post, 'later'
20 **ē vītā excessit**: euphemism for dying
   id officium: *this duty*; demon. adj.
24 **Dē**: *about...*
   haec: *these (things)*; neuter acc. pl.
25 **nōmine**: *by name*; abl. of respect
   illō tempore: *at...;* abl. of time when

nūntiōs dīmīsit et diem sacrificiō ēdīxit. Mox ea diēs appetēbat, et 1
omnia rīte parāta sunt. Manūs Herculis catēnīs ferreīs vīnctae sunt,
et mola salsa in caput eius īnspersa est. Mōs enim erat apud
antīquōs salem et far capitibus victimārum impōnere. Iam victima
ad āram stābat; iam sacerdōs cultrum sūmpserat. Subitō tamen 5
Herculēs magnō cōnātū vincula perrūpit; tum ictū sacerdōtem
prōstrāvit; alterō rēgem ipsum occīdit.

16. A CRUEL DEED

Herculēs iam adulēscēns Thēbīs habitābat. Rēx Thēbārum, vir 10
ignāvus, Creōn appellābātur. Minyae, gēns bellicōsissima,
Thēbānīs fīnitimī erant. Lēgātī autem ā Minyīs ad Thēbānōs
quotannīs mittēbantur; hī Thēbās veniēbant et centum bovēs
postulābant. Thēbānī enim ōlim ā Minyīs superātī erant; tribūta
igitur rēgī Minyārum quotannīs pendēbant. At Herculēs cīvēs suōs 15
hōc stipendiō līberāre cōnstituit; lēgātōs igitur comprehendit, atque
aurēs eōrum abscīdit. Lēgātī autem apud omnēs gentēs sānctī
habentur.

17. THE DEFEAT OF THE MINYAE   20

Ergīnus, rēx Minyārum, ob haec vehementer īrātus statim cum
omnibus cōpiīs in fīnēs Thēbānōrum contendit. Creōn adventum
eius per explōrātōrēs cognōvit. Ipse tamen pugnāre nōluit, nam
magnō timōre affectus erat; Thēbānī igitur Herculem imperātōrem
creāvērunt. Ille nūntiōs in omnēs partēs dīmisit, et cōpiās coēgit; 25
tum proximō diē cum magnō exercitū profectus est. Locum
idōneum dēlēgit et aciem īnstrūxit. Tum Thēbānī ē superiōre locō

abscīdō, -ere, -cīdī, -cīsum: cut away or off, 5
aciēs, -ēī f.: sharp edge, battle line, army, 3
adulēscēns, -entis: young (man), youth(ful), 3
adventus, -ūs m.: arrival, approach, 3
afficiō, -ere, -fēcī, fectum: influence, treat, 13
alter, -era, -erum: other (of two), second, 7
antīquus, -a, -um: ancient, 3
appellō (1): call (by name), name, 12
appetō, -ere, -īvī, -petītum: draw near, 3
apud: among, in the presence of (+ acc.), 9
āra, -ae f.: altar, 2
auris, -is f.: ear
bellicōsus, -a, -um: warlike, 2
catēna, -ae f.: chain, 2
centum: hundred, 3
cīvis, -is m/f: citizen, fellow citizen, 5
cōgō, cōgere, -ēgī, -āctum: collect, compel, 5
comprehendō, -ere, -dī, -sum: grasp, seize, 3
cōnātus, -ūs m.: attempt, effort, 7
contendō, -ere, -ī, -tum: hasten; fight, 11
cōpia, -ae f.: abundance, supply; troops, 10
creō (1): create, 2
Creōn, -ntis m.: Creon, 5
culter, cultrī m.: knife
dēligō, -ere, -lēgī, -lectum: choose, select, 6
dēmittō, -ere, -mīsī, -missum: drop, 3
ēmittō, -ere, -mīsī, -missum: send out, 2
Ergīnus, -ī m.: Erginus, 2
exercitus, -ūs m.: army, 2
explōrātor, -ōris m.: scout, spy
far, farris n.: spelt (wheat), sacrifical meal
ferreus, -a, -um: of iron, iron
fīnis, -is m./f.: end, limit, border, boundary, 12
fīnitimus, -a, -um: neighboring, bordering, 2
gēns, gentis f.: clan, race, nation, herd, 4
ictus, -ūs m.: strike, blow, 4
idōneus, -a, -um: suitable, appropriate, 12
ignāvus, -a, -um: lazy, cowardly, 2
imperātor, -ōris m.: commander
impōnō, -ere, -posuī, -positum: place on, 7

īnspergō, -ere, -ersī, -ersum: sprinkle upon
īnstruō, -ere, -ūxī, -ūctum: equip, draw up, 6
īrātus, -a, -um: angry, 5
lēgātus, -ī m.: ambassador, legate, 3
līberō (1): set free, release, 6
Minyae, -ārum f.: Minyae, 5
mola, -ae f.: meal
mōs, mōris m.: custom, manner, law, 6
nam: for, 6
nōlō, nōlle, nōluī: not…wish, be unwilling 12
nūntius, -iī m.: messenger, 12
ob: on account of (*acc.*), 13
occīdō, -ere, -cīdī, -cīsum: kill, cut down, 14
ōlim: once, formerly, 10
pendō, -ere, pependī, pēnsum: pay, hang
perrumpō, -ere, -rūpī, -ruptum: break through, 2
postulō (1): demand, claim, request, ask, 11
prōsternō, -ere, -strāvī, -ātum: lay out, 3
proximus, -a, -um: nearest, next, 5
pugnō (1): fight, 4
quotannīs: every year, yearly, 2
rīte: duly, fitly
sacerdōs, -dōtis m. f.: priest(ess), 2
sacrificium, -iī n.: sacrifice, 5
sāl, salis m.: salt
salsus, -a, -um: salted, salty
sānctus, -a, -um: sacred, holy
stīpendium, -ī n.: tax, tribute
stō, -āre, stetī, stātum: stand, 8
sūmō, -ere, sūmpsī, sūmptum: take, 3
superior, -ium: higher, upper, 3
superō (1): overcome, defeat, 3
Thēbae, -ārum f.: Thebes, 4
Thēbānī, -ōrum m.: Theban, 7
tribūtum, -ī n.: tribute, tax, contribution
vehementer: strongly, violently, ardently, 11
victima, -ae f.: victim, 2
vinciō, -īre, vīnxī, vīnctum: bind, tie, 4
vinculum, -ī n.: bond, chain, 4

---

1 **sacrificiō**: *for sacrifice*; dat. of purpose
ēdīxit: *appointed, proclaimed*
ea diēs: *this day*; a demonstrative adj.
3 **Mōs erat**: *it was the custom to*; impersonal
4 **capitibum**: *on…*; dat. of compound verb
magnō cōnātū: *with…*; abl. of manner
7 **alterō (ictū)**: *with another blow*; abl. means
10 **Thēbīs**: *in Thebes*; locative (place where)
11 **Creōn**: nom. predicate
bellicōsissima: superlative adj.

12 **Thēbānīs**: *Thebans*; dat. with a special adj. fīnitimī
13 **hī**: *these*; i.e. the lēgātī, envoys
Thēbās: *Thebes*; place to which, towns and cities do no require 'ad'
15 **pendēbant**: *used to pay*; iterative impf
16 **hōc stipendiō**: *from…*; abl. separation
18 **habentur**: *are held (to be)*; + nom. pred.
22 **cōpiīs**: *troops*; as often in Caesar
26 **profectus est**: *set out*; pf. dep. proficiscor

impetum in hostēs fēcērunt. Illī autem impetum sustinēre nōn 1
potuērunt; itaque aciēs hostium pulsa est atque in fugam conversa.

18. MADNESS AND MURDER

Post hoc proelium Herculēs cōpiās suās ad urbem redūxit. Omnēs 5
Thēbānī propter victōriam maximē gaudēbant; Creōn autem
magnīs honōribus Herculem decorāvit, atque fīliam suam eī in
mātrimōnium dedit. Herculēs cum uxōre suā beātam vītam agēbat;
sed post paucōs annōs subitō in furōrem incidit, atque līberōs suōs
ipse suā manū occīdit. Post breve tempus ad sānitātem reductus est, 10
et propter hoc facinus magnō dolōre affectus est; mox ex urbe
effūgit et in silvās sē recēpit. Nolēbant enim cīvēs sermōnem cum
eō habēre.

19. HERCULES CONSULTS THE ORACLE 15

Herculēs tantum scelus expiāre magnopere cupiēbat. Cōnstituit
igitur ad ōrāculum Delphicum īre; hoc enim ōrāculum erat omnium
celeberrimum. Ibi templum erat Apollinis plūrimīs dōnīs ornātum.
Hōc in templō sedēbat fēmina quaedam, nōmine Pythia, et
cōnsilium dabat eīs quī ad ōrāculum veniēbant. Haec autem fēmina 20
ab ipsō Apolline docēbātur, et voluntātem deī hominibus
ēnūntiābat. Herculēs igitur, quī Apollinem praecipuē colēbat, hūc
vēnit. Tum rem tōtam exposuit, neque scelus cēlāvit.

20. THE ORACLE'S REPLY 25

Ubi Hercules fīnem fēcit, Pythia prīmō tacēbat; tandem tamen
iussit eum ad urbem Tīryntha īre, et Eurystheī rēgis omnia
imperāta facere. Herculēs ubi haec audīvit, ad urbem illam
contendit, et Eurystheō rēgī sē in servitūtem trādidit. Duodecim

aciēs, -ēī f.: sharp edge, battle line, army, 3
afficiō, -ere, -fēcī, fectum: influence, treat, 13
agō, agere, ēgī, āctum: drive, lead, spend, 13
Apollō, Apollinis m.: Apollo, 7
beātus, -a, -um: blessed, happy, 3
celeber, -bris, -bre: frequented, celebrated, 2
cēlō (1): hide, conceal, 5
cīvis, -is m/f: citizen, fellow citizen, 5
colō, -ere, coluī, cultum: cultivate, cherish, 3
contendō, -ere, -ī, -tum: hasten; fight, 11
convertō, -ere, -ī, -rsum: turn (around), 6
cōpia, -ae f.: abundance, supply; troops, 10
Creōn, -ntis m.: Creon, 5
cupiō, -ere, -īvī, -ītum: desire, long for, 4
decorō (1): adorn, distinguish, 2
Delphicus, -a, -um: Delphic
doceō, -ēre, -uī, -ctum: teach, tell, 9
dōnum, -ī n.: gift, 6
duodecim: twelve, 6
effugiō, -ere, -fūgī: flee away, escape
ēnūntiō (1): speak out
eō, īre, iī (īvī), itūrum: go, 3
expiō (1): atone for, expiate, 2
expōnō, -ere, -suī, -situm: set out, explain 7
facinus, facinoris n.: bad deed, crime, 1
fēmina, -ae f.: woman, 3
fīnis, -is m./f.: end, limit, border, boundary, 12
fuga, -ae f.: flight, haste, exile, speed, 6
furor, -ōris m.: rage, fury, madness, 4
gaudeō, -ēre, gāvīsus sum: enjoy, rejoice, 4
honor, -ōris m.: honor, glory; offering, 4
hostis, -is m./f.: stranger, enemy, foe, 5
hūc: this place, hither, 2
imperō (1): order, command, 12

impetus, -ūs m.: attack, onset, assault, 9
incidō, -ere, -cidī: fall into, fall upon, 3
itaque: and so, 8
līberī, -ōrum m.: children
mātrimōnium, -iī n.: marriage, 6
maximē: especially, very greatly, 5
nōlō, nōlle, nōluī: not…wish, be unwilling 12
nōmen, nōminis, n.: name, 12
occīdō, -ere, -cīdī, -cīsum: kill, cut down, 14
ōrāculum, -ī n.: oracle, 11
ōrnō (1): equip, adorn
plūrimus, -a, -um: most, very many, 3
praecipuē; especially, 2
proelium, -iī n.: battle, 4
propter: on account of, because of, 6
Pȳthia, -ae f.: Pythia, 4
recipiō, -ere, -cēpī, -ceptum: accept, take back, 8
redūcō, -ere, -dūxī, -tum: lead/bring back, 11
sānitās, -tātis f.: soundness, sanity
scelus, sceleris n.: wickedness, crime, 4
sedeō, -ēre, sēdī, sessum: sit, 6
sermō, sermōnis m.: conversation, talk, 2
servitūs, servitūtis, f.: servitude, 2
silva, -ae f.: wood, forest, woodland, 7
sustineō, -ēre, -uī, -tentum: hold up, endure 7
taceō, -ēre, -uī, -itum: be silent, 2
templum, -ī n.: temple, 3
Thēbānī, -ōrum m.: Theban, 7
Tīryns, Tirynthis f. (acc. Tiryntha): Tiryns
uxor, uxōris f.: wife, spouse, 10
victōria, -ae f.: victory
vīta, -ae, f.: life, 9
voluntās, -tātis f.: will, wish, permission, 1

---

1 **in hostēs**: *against*…; as often in battle
2 **in fugam**: *flight*
5 **cōpiās**: *troops*
7 **eī**: *him*; dat. sg. ind. obj. is, ea, id
8 **agēbat**: *lived*; idiom with vītam
10 **ipse**: *he himself*; supply a subject
11 **affectus est**: *was afflicted*
12 **sē recēpit**: *retreated*; sē recipiere is a
   common idiom for "retreat"
16 **tantum scelum**: neuter acc. sg.
17 **īre**: *go*; inf. eō
   omnium: partitive gen. with superlative
18 **celeberrimum**: predicate, superlative adj.
   erat…ornātum: ornātum erat, plpf. pass.

20 **eīs**: dat. pl. ind. obj. with dabat
21 **hominibum**: dat. pl. ind. obj.
22 **colēbat**: *used to worship*; iterative
   hūc: *here*; place to which of hīc
   scelum: neuter acc. sg.
26 **prīmō**: *at first*; adverb
   īre: *go*; inf. eō
27 **Tīryntha**: Grk. acc. sg.
   Eurystheī rēgis: gen. sg.
28 **imperāta**: *commands*; 'things having been
   commanded' neuter acc. pl. PPP (pf. pass.
   pple) of imperō
29 **Eurystheō rēgī**: dat. ind. obj.

annōs crūdēlissimō Eurystheō serviēbat, et duodecim labōrēs, quōs   1
ille imperāverat, cōnfēcit; hōc enim ūnō modō tantum scelus
expiārī potuit. Dē hīs labōribus plūrima ā poētīs scrīpta sunt. Multa
tamen quae poētae nārrant vix crēdibilia sunt.

                                                                      5

21. 1st LABOR: THE NEMEAN LION

Prīmum ab Eurystheō iussus est Herculēs leōnem occīdere quī illō
tempore vallem Nemeaeam reddēbat īnfēstam. In silvās igitur in
quibus leō habitābat statim sē contulit. Mox feram vīdit, et arcum,
quem sēcum attulerat, intendit; eius tamen pellem, quae dēnsissima   10
erat, trāicere nōn potuit. Tum clāvā magnā quam semper gerēbat
leōnem percussit, frūstrā tamen; neque enim hōc modō eum
occīdere potuit. Tum dēmum collum mōnstrī bracchiīs suīs
complexus est et faucēs eius omnibus vīribus compressit. Hōc
modō leō brevī tempore exanimātus est; nūlla enim respīrandī   15
facultās eī dabātur. Tum Herculēs cadāver ad oppidum in umerīs
rettulit; et pellem, quam dētrāxerat, posteā prō veste gerēbat.
Omnēs autem quī eam regiōnem incolēbant, ubi fāmam dē morte
leōnis accēpērunt, vehementer gaudēbant et Herculem magnō
honōre habēbant.   20

22. 2nd LABOR: THE LERNEAN HYDRA

Paulō post iussus est ab Eurystheō Hydram necāre. Hoc autem
mōnstrum erat cui novem erant capita. Herculēs igitur cum amīcō
Iolaō profectus est ad palūdem Lernaeam, in quā Hydra habitābat.   25
Mox mōnstrum invēnit, et quamquam rēs erat magnī perīculī,

afferō, -ferre, attulī, allātum: carry to bring 5
amīcus, -ī m.: friend, 6
arcus, -ūs m.; bow, 4
bracchium, -ī n.: arm, 2
cadāver, -eris n.: corpse, dead body, 3
clāva, -ae f.: club
collum, -ī n.; neck, 6
complector, -plectī, -plexus sum: embrace, 3
comprimō, -ere, -pressī: press together, 2
crēdibilis, -e: credible, 2
crūdēlis, -e: cruel, bitter, bloody, 6
dēmum: at length, finally, 3
dēnsus, -a, -um: thick, 2
dētrahō, -ere, -āxī, -actum: draw away/off, 2
duodecim: twelve, 6
exanimō (1): kill, exhaust, 9
expiō (1): expiate, 2
facultās, -tātis f.: ability, opportunity, 5
fāma, -ae f.: fame, reputation, report, rumor 7
faucēs, -ium f.: throat, 2
fera, -ae f.: wild animal, beast
frūstrā: in vain, for nothing, 13
gaudeō, -ēre, gāvīsus sum: enjoy, rejoice, 4
honor, -ōris m.: honor, glory; offering, 4
Hydra, -ae f.: Hydra (many-headed snake), 5
imperō (1): order, command, 12
incolō, -ere, -uī: inhabit, 4
īnfēstus, -a, -um: unsafe, dangerous; hostile
intendō, -ere, -ndī, -ntum: stretch out, aim, 4
inveniō, -īre, -vēnī, -ventum: find, discover 8
Iolāus, -ī m.: Iolaus

leō, leōnis m.: lion, 5
Lernaeus, -a, -um: of Lerna
mors, mortis, f.: death, 9
nārrō (1): narrate, relate, 7
necō (1): kill, slay, put to death, 9
Nemeaeus, -a, -um: of Nemea
novem: nine, 3
occīdō, -ere, -cīdī, -cīsum: kill, cut down, 14
oppidum, -ī n.: town, 4
palūs, palūdis f.: swamp, marsh, 3
pellis, -is f.: hide, skin, pelt, 2
percutiō, -ere, -cussī, -cussum: strike, 2
plūrimus, -a, -um: most, very many, 3
poēta, -ae m.: poet, 4
posteā: after this, afterwards, 7
prō: before, in front of, for, 9
quamquam: although, 4
reddō, -ere, didī, dditum: give back, render 4
respīrō (1): breathe back, breathe out, 2
scelus, sceleris n.: wickedness, crime, 4
scrībō, -ere, scrīpsī, scrīptum: write, 2
semper: always, ever, forever, 2
serviō, -īre, -īvī, -ītum: be slave to, serve
silva, -ae f.: wood, forest, woodland, 7
trāiciō, -ere, -iēcī, -iectum: pierce, throw across
umerus, -ī m.: shoulder, 3
vallis, -is f.: valley, vale, 2
vehementer: strongly, violently, ardently, 11
vestis, -is f.: clothing, 12
vix: with difficulty, with effort, scarcely, 5

---

1 annōs: *for...*; acc. of duration
   serviēbat: *served*; governs a dative object
2 hōc...ūnō modō: *in this one way*; manner
   scelum: nom. subj., neuter sg.
3 expiārī: passive inf. expiō, expiāre
   plūrima: *very many (things)*; neuter pl.
   subject, superlative of multus
   multa: *many things*; subject
7 prīmum: *first (of all)*; adverbial acc.
   illō tempore: *at...*; abl. time when
9 sē contulit: *carried himself*; i.e. he went,
   pf. cōnferō
10 sēcum: cum sē
   attulerat: plpf. afferō
11 gerēbat: *he was carrying*
12 frustrā: *in vain*; adverb
   hōc modō: *in this way*; abl. of manner
14 vīribum: *with strength*; abl. of means,
   pl. of vīs, 'force;' 3ʳᵈ declension endings

distinguish it from vir, virī
   complexus est: a deponent verb; translate
   as a perfect active verb
15 brevī tempore: *at...*; abl. time when,
   3ʳᵈ decl. i-stem abl. sg.
   respīrandī: gen. sg. of the gerund (-ing)
   modifying nom. sg. facultās
16 eī: dat. sg. indirect object of is, ea, id
17 rettulit: pf. referō
19 magnō honōre: *in great honor*
23 paulō: *a little*; abl. of degree of difference
24 cui...erant: *(the one) to whom there were*;
   i.e. 'who had' or 'whose...were' dat. of
   possession is common with a form of sum
25 profectus est: pf. dep. proficīscor,
   translate as pf. active
26 magnī perīculī: *of great danger*; genitive
   of description in the predicative position

collum eius sinistrā prehendit. Tum dextrā capita novem abscīdere   1
coepit; quotiēns tamen hoc fēcerat, nova capita exoriēbantur. Diū
frūstrā labōrābat; tandem hōc cōnātū dēstitit. Deinde arborēs
succīdere et ignem accendere cōnstituit. Hoc celeriter fēcit, et
postquam ligna ignem comprehendērunt, face ārdente colla adūssit,   5
unde capita exoriēbantur. Nec tamen sine magnō labōre haec fēcit;
vēnit enim auxiliō Hydrae cancer ingēns, quī, dum Herculēs capita
abscīdit, crūra eius mordēbat. Postquam mōnstrum tālī modō
interfēcit, sagittās suās sanguine eius imbuit, itaque mortiferās
reddidit.   10

23. 3rd LABOR: THE CERYNEAN STAG

Postquam Eurystheō caedēs Hydrae nūntiāta est, magnus timor
animum eius occupāvit. Iussit igitur Herculem cervum quendam ad
sē referre; nōluit enim virum tantae audāciae in urbe retinēre. Hic   15
autem cervus, cuius cornua aurea fuisse trāduntur, incrēdibilī fuit
celeritāte. Herculēs igitur prīmō vestīgiīs eum in silvā
persequēbātur; deinde ubi cervum ipsum vīdit, omnibus vīribus
currere coepit. Ūsque ad vesperum currēbat, neque nocturnum
tempus sibi ad quiētem relinquēbat, frūstrā tamen; nūllō enim   20
modō cervum cōnsequī poterat. Tandem postquam tōtum annum
cucurrerat (ita trāditur), cervum cursū exanimātum cēpit, et vīvum
ad Eurystheum rettulit.

24. 4th LABOR: THE ERYMANTHIAN BOAR

Tum vērō iussus est Herculēs aprum quendam capere quī illō   25
tempore agrōs Erymanthiōs vāstābat et incolās huius regiōnis
magnopere terrēbat. Herculēs rem suscēpit et in Arcadiam

abscīdō, -ere, -cīdī, -cīsum: cut away or off, 5
accendō, -ere, -ndī, -cēnsum: kindle, light, 2
adūrō, -ūrere, -ūssī, ūstum: set fire to, burn
ager, -grī m.: land, field, territory, 11
aper, aprī m.: wild boar, 3
arbor, arboris f.: tree, 5
Arcadia, -ae f.: Arcadia, 2
ārdeō, -ēre, ārsī, ārsum: be on fire, burn, 3
audācia, -ae f.: boldness, audacity, 2
aureus, -a, -um: golden, 13
caedēs, -is f.: slaughter, killing
cancer, -cancrī m.: crab
celeritās, -tātis f.: speed, quickness, 7
celeriter: swiftly, quickly
cervus, -ī m.: stag, 5
collum, -ī n.; neck, 6
comprehendō, -ere, -dī, -sum: grasp, seize, 3
cōnātus, -ūs m.: attempt, effort, 7
cōnsequor, -ī, secūtum: follow; pursue, 3
cornū, -ūs n.: horn, 2
crūs, crūris n.: leg
currō, -ere, cucurrī, cursum: run, rush, fly, 4
cursus, -ūs m.: course, running, haste, 10
deinde: then, thereupon, 8
dēsistō, -ere, -stitī, -stitum: desist, stop, 5
dexter, -tra, -trum: right (hand); favorable
diū: a long time, long, 13
Erymanthius, -a, -um: of Erymanthus
exanimō (1): kill, exhaust, 9
exorior, -orīrī, -ortus sum: arise from, rise, 2
fax, facis f.: torch, firebrand, 2
frūstrā: in vain, for nothing, 13
Hydra, -ae f.: Hydra (many-headed snake), 5
ignis, ignis, m.: fire, 9
imbuō, -uere, -buī, -būtum: wet, soak, 2
incola, -ae m.: inhabitant, 7

incrēdibilis, -e: incredible, 2
itaque: and so, 8
labōrō (1): work, toil, labor, strive, 2
lignum, -ī n.: wood, 3
mordeō, -ere, momordī, morsum: bite
mortifer, -fera, -ferum: death-bearing, 2
nec: and not, nor, 10
nocturnus, -a, -um: nocturnal, 2
nōlō, nōlle, nōluī: not…wish, be unwilling 12
novem: nine, 3
novus, -a, -um: new, 4
nūntiō (1): announce, 3
occupō (1): occupy, seize, 8
persequor, -sequī, -secūtus sum: follow up
prehendō, -ere, -hendī, -hēnsum: seize, 5
quiēs, quiētis f.: rest, repose, sleep, 5
quotiēns: as often as, 2
reddō, -ere, didī, dditum: give back, render 4
relinquō, -ere, -līquī, -lictum: leave behind, 9
retineō, -ēre, -uī, -tentum: hold/keep back, 3
sagitta, -ae f.: arrow, 10
sanguis, sanguinis m.: blood, 6
silva, -ae f.: wood, forest, woodland, 7
sinistra, -ae f.: left hand
succīdō, -ere, -cīdī, -cīsum: cut down or off
suscipiō, -ere, -cēpī, -ceptum: undertake, 14
tālis, -e: such, 6
terreō, -ēre, -uī, territum: terrify, scare, 5
unde: whence, from which source, 6
ūsque: all the way to, up to, continuously, 2
vāstō (1): lay waste, 2
vērō: in truth, in fact, certainly, 5
vesper, vesperī m.: evening, 4
vestīgium, -iī n.: track, foot-print, 4
vīvus, -a, -um: living, alive, 4

---

1 **sinistrā (manū)**: *with is left (hand)*; abl. of means
dextrā (manū): abl. means
exoriēbantur: impf. deponent
3 **frūstrā**: *in vain*; adverb
hōc cōnātū: *from…*; abl. of separation
5 **ligna**: nom. subject, neuter plural
face ārdente: abl. abs.; pres. pple ārdeō
7 **auxiliō Hydrae**: *as help for the Hydra*; 'for help,' double dative (dat. purpose and dat. of interest)
8 **eium**: gen. sg. is, ea, id; i.e. Heracles'
talī modō: *in such a way*; abl. of manner, 3rd decl. i-stem abl.

9 **mortiferās reddidit**: *rendered (the arrows) deadly*; mortiferās is acc. pred.
15 **referre**: irreg. inf. of re-ferō
tantae audāciae: *of…*; gen. of description
16 **fuisse**: pf. inf. sum
trāduntur: *are reported*
incrēdibilī celeritāte: *of…*; abl. of quality
17 **prīmō**: adverb
18 **persequēbātur**: impf. dep., translate act.
20 **sibi**: *for him*; dat. of interest
21 **cōnsequī**: *catch up with*; dep. inf.
22 **ita trāditur**: *thus it is reported*
23 **rettulit**: pf. referō
25 **illō tempore**: *in…*; abl. of time when

profectus est. Postquam in silvam paulum prōgressus est, aprō   1
occurrit. Ille autem simul atque Herculem vīdit, statim refūgit; et
timōre perterritus in altam fossam sē proiēcit. Herculēs igitur
laqueum quem attulerat iniēcit, et summā cum difficultāte aprum ē
fossā extrāxit. Ille etsī fortiter repugnābat, nūllō modō sē līberāre   5
potuit; et ab Hercule ad Eurystheum vīvus relātus est.

25. HERCULES AT THE CENTAUR'S CAVE

Dē quartō lābōre, quem suprā nārrāvimus, haec etiam trāduntur.
Herculēs dum iter in Arcadiam facit, ad eam regiōnem vēnit quam   10
centaurī incolēbant. Cum nox iam appeteret, ad spēluncam dēvertit
in quā centaurus quīdam, nōmine Pholus, habitābat.

Ille Herculem benignē excēpit et cēnam parāvit. At Herculēs
postquam cēnāvit, vīnum ā Pholō postulāvit. Erat autem in
spēluncā magna amphora vīnō optimō replēta, quam centaurī ibi   15
dēposuerant. Pholus igitur hoc vīnum dare nolēbat, quod reliquōs
centaurōs timēbat; nūllum tamen vīnum praeter hoc in spēluncā
habēbat. "Hoc vīnum," inquit, "mihi commissum est. Sī igitur hoc
dabō, centaurī mē interficient." Herculēs tamen eum irrīsit, et ipse
pōculum vīnī dē amphorā hausit.   20

26. THE FIGHT WITH THE CENTAURS

Simul atque amphora aperta est, odor iūcundissimus undique
diffūsus est; vīnum enim suāvissimum erat. Centaurī nōtum
odōrem sēnsērunt et omnēs ad locum convēnērunt. Ubi ad   25
spēluncam pervēnērunt, magnopere īrātī erant quod Herculem

afferō, -ferre, attulī, allātum: carry to bring 5
altus, -a, -um: high, lofty, tall, 2
amphora, -ae f.: amphora, jar, 3
aper, aprī m.: wild boar, 3
aperiō, -īre, -uī, -ertum: open, disclose, 3
appetō, -ere, -īvī, -petītum: draw near, 3
Arcadia, -ae f.: Arcadia, 2
benignus, -a, -um: kind, 4
cēna, -ae f.: dinner, 5
centaurus, -ī m.: centaur, 12
cēnō (1): dine, eat dinner, 2
committō, -mittere, -mīsī: commit, entrust, 6
cōnveniō, -īre, vēnī, ventum: come together 8
dēpōnō, -ere, -suī, -situm: put down/aside, 9
dēvertō, -ere, -vertī: turn away, turn aside
difficultās, -tātis f.: difficulty, 7
diffundō, -ere, -fūdī, -fūsum: pour out
etsī: even if, although, though, 13
excipiō, ere, cēpī, ceptum: take out, receive 9
extrahō, -ere, -trāxī, -tractum: draw out, 2
fortiter: bravely, 2
fossa, -ae f.: ditch, trench, 3
hauriō, haurīre, hausī, -stum: drink, draw
incolō, -ere, -uī: inhabit, 4
iniciō, -ere, -iēcī, -iectum: throw in or upon, 2
inquam, inquis, inquit: say, 6
inrīdeō, -ēre, -rīsī, -rīsum: laugh at, mock
īrātus, -a, -um: angry, 5

iūcundus, -a, -um: pleasant, sweet
laqueus, -ī m.: noose
līberō (1): set free, release, 6
nārrō (1): narrate, relate, 7
nōlō, nōlle, nōluī: not…wish, be unwilling 12
nōmen, nōminis, n.: name, 12
nōtus, -a, -um: known, familiar, 3
nox, noctis, f.: night, 7
occurrō, -ere: run into, meet, attack, 2
odor, odōris m.: smell, odor, 2
optimus, -a, -um: best, noblest, finest
perterreō, -ēre: frighten, terrify, 5
Pholus, -ī m.: Pholus, 6
pōculum, -ī n.: cup, 7
postulō (1): demand, claim, request, ask, 11
praeter: except, besides, 2
prōiciō, -icere, -iēcī, -iectum: throw forth, 4
quartus, -a, -um: one-fourth, 3
refugiō, -ere, -fūgī: flee back, 5
repleō, -ēre, -plēvī, -plētum: fill again, fill, 4
repugnō (1): fight against, oppose, resist, 2
silva, -ae f.: wood, forest, woodland, 7
simul: at the same time; at once, together, 10
suāvis, -e: sweet, pleasant
suprā: above, before, 6
timeō, -ēre, -uī: fear, dread, 6
undique: from everywhere, from all sides, 7
vīvus, -a, -um: living, alive, 4

---

1 **profectus est**: pf. dep. proficiscor, translate
    in the pf. active
  paulum: adverbial acc.
  progressus est: pf. dep. progredior
  aprō: dat. obj. of a compound verb
2 **simul atque**: *as soon as*; 'the same time as'
3 **altam**: *deep*
4 **attulerat**: pf. afferō
5 **etsī**: *although*
  nūllō modō: *in no way*; abl. of manner
6 **relātus est**: pf. pass. re-ferō
9 **dē**: *about*
9 **suprā**: *above*; i.e. earlier in the story
  haec: neut. pl. nom. subject
  trāduntur: *are reported*

10 **eam**: *that*; demonstrative adj.
12 **nōmine**: *by name*; abl. of respect
13 **benignē**: -ē ending forms an adverb
14 **Erat**: *there was*
15 **replēta**: PPP (pf. pass. pple) repleō
18 **mihi**: dat. ind. object
  commissum est: *was entrusted*
  Sī…dabō, interficient: *If I give…will
    kill*; fut. more vivid condition (sī, fut. ind.,
    fut. ind.), the protasis (dabō) in English
    translation is pres. in form but fut. in sense
23 **Simul atque**: *as soon as*; 'at the same time
    as'
  īrātī: *angered*; predicate nominative

bibentem vīdērunt. Tum arma rapuērunt et Pholum interficere 1
volēbant. Herculēs tamen in aditū spēluncae cōnstitit et impetum
eōrum fortissimē sustinēbat. Facēs ārdentēs in eōs coniēcit; multōs
etiam sagittīs suīs vulnerāvit. Hae autem sagittae eaedem erant
quae sanguine Hydrae ōlim imbūtae erant. Omnēs igitur quōs ille 5
sagittīs vulnerāverat venēnō statim absūmptī sunt; reliquī autem
ubi hoc vīdērunt, terga vertērunt et fugā salūtem petiērunt.

27. THE FATE OF PHOLUS

Postquam reliquī fūgērunt, Pholus ex spēluncā ēgressus est, et 10
corpora spectābat eōrum quī sagittīs interfectī erant. Magnopere
autem mirātus est quod tam levī vulnere exanimātī erant, et causam
eius reī quaerēbat. Adiit igitur locum ubi cadāver cuiusdam
centaurī iacēbat, et sagittam ē vulnere trāxit. Haec tamen sīve cāsū
sīve cōnsiliō deōrum ē manibus eius lāpsa est, et pedem leviter 15
vulnerāvit. Ille extemplō dolōrem gravem per omnia membra
sēnsit, et post breve tempus vī venēnī exanimātus est. Mox
Herculēs, quī reliquōs centaurōs secūtus erat, ad spēluncam rediit,
et magnō cum dolōre Pholum mortuum vīdit. Multīs cum lacrimīs
corpus amicī ad sepultūram dedit; tum, postquam alterum pōculum 20
vīnī exhausit, somnō sē dedit.

28. 5th LABOR: THE AUGEAN STABLES

Deinde Eurystheus Herculī hunc labōrem graviōrem imposuit.
Augēās quīdam, quī illō tempore rēgnum in Ēlide obtinēbat, tria 25
mīlia boüm habēbat. Hī in stabulō ingentis magnitūdinis

absūmō, -ere, -mpsī, -mptum: take away, 2
adeō, -īre, -i(v)ī: go to, approach, 4
aditus, -ūs m.: approach, access, entrance, 2
alter, -era, -erum: other (of two), second, 7
amīcus, -ī m.: friend, 6
ārdeō, -ēre, ārsī, ārsum: be on fire, burn, 3
arma, -ōrum n.: arms, equipment, tools, 6
Augeās, -ae m.: Augeas
bibō, -ere, bibī: drink, 4
cadāver, -eris n.: corpse, dead body, 3
cāsus, -ūs m.: misfortune, accident, event, 8
centaurus, -ī m.: centaur, 12
cōnstō, -stāre, -stitī, -stitum: stand firm,
stand together; cost; it is agreed, 6
deinde: then, thereupon, 8
Ēlis, -idis f.: Elis
exanimō (1): kill, exhaust, 9
exhauriō, -īre, -ausī, -austum: drink up
extemplō: immediately, straightaway
fax, facis f.: torch, firebrand, 2
fortis, -e: strong, brave, valiant, 5
fuga, -ae f.: flight, haste, exile, speed, 6
fugiō, fugere, fūgī, --: flee, hurry away, 9
Hydra, -ae f.: Hydra (many-headed snake), 5
iaceō, -ēre, -uī: lie, lie low, 3
imbuō, -uere, -buī, -būtum: wet, soak, 2
impetus, -ūs m.: attack, onset, assault, 9
impōnō, -ere, -posuī, -positum: place on, 7
lābor, lābī, lāpsus sum: slip, glide
lacrima, -ae f.: tear, 10
levis, leve: light, slight, 2

magnitūdō, -tūdinis f.: size, greatness, 13
membrum, -ī n.: limb, member, 10
mīlle (pl. mīlia): thousand, 7
mīror, -ārī, -ātus sum: be amazed at, 7
mortuus, -a, -um: dead, 7
obtineō, -ēre, -uī, -tentum: hold, maintain, 9
ōlim: once, formerly, 10
pēs, pedis m.: foot, 8
petō, petere, petīvī, petītum: seek, aim at, 10
Pholus, -ī m.: Pholus, 6
pōculum, -ī n.: cup, 7
rapiō, -ere, rapuī, raptum: seize, snatch, 5
sagitta, -ae f.: arrow, 10
sanguis, sanguinis m.: blood, 6
sepultūra, -ae f.: burial, 2
sequor, -ī, secūtus sum: follow; attend, 4
sīve: or if, whether if, 6
somnus, -ī m.: sleep, 14
spectō (1): watch, look at
stabulum, -ī n.: stable, inclosure, 5
sustineō, -ēre, -uī, -tentum: hold up, endure 7
tam: so, so much, so very, such, 8
tergum, -ī n.: back, 8
trahō, -ere, trāxī, tractum: draw, drag, 6
trēs, tria: three, 9
venēnum, -ī n.: poison, 7
vertō, -ere, vertī, versum: turn, 4
volō (1): fly, 3
vulnerō (1): wound, injure, 7
vulnus, -eris n.: wound, blow, 6

---

1 **bibentem**: pres. pple bibō
3 **fortissimē**: *very…*; superlative adverb
   sustinēbat: *was holding off*
   Facēs: acc. pl. fax
   ārdentēs: pres. pple ārdeō
   in: 'at' or 'against' in context of fighting
4 **eaedem**: *the same*; the suffix -dem does
   not decline, but eae- modifies sagittae
6 **reliquī**: *the remaining (centaurs)*
7 **fugā**: *in flight*; abl. of mean
   peti(v)ērunt: syncopated pf. petō
10 **reliquī**: *the remaining (centaurs)*
   ēgressus est: pf. dep. ēgredior
11 **eōrum**: *of those*; demonstrative in sense
12 **levī vulnere**: abl. of means; i-stem 3rd
   decl. adj.
13 **eius reī**: *of this matter*; gen. sg.
   Adiit: pf. ad-eō
   cuiusdam: gen. sg. quīdam

14 **iacēbat**: from iaceō, iacēre, 'to lie
   down' not iaciō, iacere, 'to throw'
   sīve…sīve: *whether…or*
   cāsū: *by chance;* abl. of cause, elsewhere
   cāsus means 'misfortune'
15 **cōnsiliō**: *by the plan*; abl. of cause
   lāpsa est: pf. deponent
   eium: gen. sg., i.e. Pholus
17 **vī**: abl. of means, vīs
   venēnī: gen. sg.
18 **secūtus est**: pf. dep., translate act.
   rediit: pf. red-eō
19 **magnō cum dolōre, multīs cum lacrimīs**:
   abl. of manner, adj. is emphasized
20 **ad**: *for…*; expressing purpose
21 **somnō**: *sleep*; dat. ind. obj.
24 **graviorem**: comparative adjective
26 **bo(v)üm**: *of cattle*; gen. pl. bōs
   ingentis magnitūdinis: gen. of description

inclūdēbantur. Stabulum autem inluviē ac squālōre erat obsitum, 1
neque enim ad hoc tempus umquam purgātum erat. Hoc Herculēs
intrā spatium ūnīus diēī purgāre iussus est. Ille, etsī rēs erat multae
operae, negōtium suscēpit. Prīmum magnō labōre fossam
duodēvīgintī pedum dūxit, per quam flūminis aquam dē montibus 5
ad murum stabulī perdūxit. Tum postquam mūrum perrūpit, aquam
in stabulum immīsit et tālī modō contrā opīniōnem omnium opus
cōnfēcit.

29. 6th LABOR: THE STYMPHALIAN BIRDS   10

Post paucōs diēs Herculēs ad oppidum Stymphālum iter fēcit;
imperāverat enim eī Eurystheus ut avēs Stymphalidēs necāret. Hae
avēs rostra aēnea habēbant et carne hominum vēscēbantur. Ille
postquam ad locum pervēnit, lacum vīdit; in hōc autem lacū, quī
nōn procul erat ab oppidō, avēs habitābant. Nūlla tamen dabātur 15
appropinquandī facultās; lacus enim nōn ex aquā sed ē līmō
cōnstitit. Herculēs igitur neque pedibus neque lintre prōgredī
potuit.

    Ille cum magnam partem diēī frūstrā cōnsumpsisset, hōc cōnātū
dēstitit et ad Volcānum sē contulit, ut auxilium ab eō peteret. 20
Volcānus (quī ab fabrīs maximē colēbātur) crepundia quae ipse ex
aere fabricātus erat Herculī dedit. Hīs Herculēs tam acrem crepitum
fēcit ut avēs perterritae āvolārent. Ille autem, dum āvolant,
magnum numerum eārum sagittīs trānsfīxit.

ac: and, and also, 14
acer, acris, acre: sharp; fierce, keen
aēneus, -a, -um: of bronze, 3
aes, aeris n.: bronze, 2
appropinquō (1): come near, approach, 8
aqua, -ae f.: water, 11
avis, avis f.: bird, 4
āvolō (1): fly away, 2
carō, carnis f.: flesh, meat, 4
colō, -ere, coluī, cultum: cultivate, cherish, 3
cōnātus, -ūs m.: attempt, effort, 7
cōnstō, -stāre, -stitī, -stitum: stand firm, stand together; cost; it is agreed, 6
cōnsūmō, -ere, -mpsī, -mptum: take, spend 9
contrā: *against* (+ acc.), 7
crepitus, -ūs m.: rattle, clatter
crepundia, -ōrum n.: rattle
dēsistō, -ere, -stitī, -stitum: desist, stop, 5
dūcō, -ere, dūxī, ductum: lead, draw, bring, 5
duo-dē-vīgintī: eighteen
etsī: even if, although, though, 13
faber, fabrī m.: smith, engineer, 2
fabricor, -ārī, -ātus sum: make, fashion
facultās, -tātis f.: ability, opportunity, 5
fossa, -ae f.: ditch, trench, 3
frūstrā: in vain, for nothing, 13
immittō, -ere, -mīsī, -missum: send in, 2
imperō (1): order, command, 12
inclūdō, -ere, -ūsī, -ūsum: close in, shut in, 7
inluviēs, -ēī f.: dirt, filth
intrā: within, among (+ acc.), 4
lacus, -ūs m.: lake, 3
līmus, -ī m.: mud

linter, lintris f.: boat, skiff, 3
maximē: especially, very greatly, 5
mōns, montis m.: mountain, mount, 5
mūrus, -ī m.: (city) wall, rampart, 4
necō (1): kill, slay, put to death, 9
negōtium, iī n.: task, business, occupation, 13
numerus, -ī m.: number, multitude, 7
obsitus, -a, -um: overgrown or covered with
opera, -ae f.: effort, work
opīniō, -iōnis f.: opinion, reputation, 6
oppidum, -ī n.: town, 4
opus, -eris n.: work, deed, toil, 9
perdūcō, -ere, -dūxī, -ctum: lead through, 4
perrumpō, -ere, -rūpī, -ruptum: break through, 2
perterreō, -ēre: frighten, terrify, 5
pēs, pedis m.: foot, 8
petō, petere, petīvī, petītum: seek, aim at, 10
procul: from afar, from a distance, 5
purgō (1): cleanse, make clean, 2
rostrum, -ī n.: beak
sagitta, -ae f.: arrow, 10
spatium, -iī n.: space, span, extent, 6
squālor, -ōris m.: dirt, filth
stabulum, -ī n.: stable, inclosure, 5
Stymphalis, -idis: of Stymphalus
suscipiō, -ere, -cēpī, -ceptum: undertake, 14
tālis, -e: such, 6
tam: so, so much, so very, such, 8
trānsfīgō, -fīgere, -fīxī, -fīxum: pierce, 4
umquam: ever, 5
vēscor, vēscī: feed on, eat (+ abl.) 3
Volcānus, -ī m.: Vulcan, 13

---

2 **ad hoc tempum:** *up to...., until...*
3 **ūnīus diēī**: *of one day*; gen. sg., ūnus has -īus in the gen. sg. and -ī in dat. sg.
  multae operae: *of...*; gen. description as predicate; gen. of 1ˢᵗ decl. opera, -ae f.
4 **prīmum**: adverb
5 **pedum**: gen. pl. of measure after fossam
  dūxit: *drew up a ditch*; i.e. 'dig' or 'build'
7 **tālī modō**: *in such a way*; abl. of manner
  opīniōnem: *expectation*; with contrā
  opum: neuter acc. sg. direct object
12 **imperāverat**: *had ordered (dat) that*
  eī: dat. ind. obj. is, ea, id
  ut...necāret: *that...*; ind. command, impf. subj. in secondary seq. (main verb is in the past); you may translate this construction 'that he kill' or often as an inf. 'to kill...'

13 **vēscēbantur**: governs an abl. obj.
16 **appropinquandī**: *of approaching*; a gen. sg. gerund modifying facultās
17 **neque...neque**: *neither...nor*
  prōgredī: dep. inf. prōgredior, translate as an active inf.
19 **cum...cōnsumpsisset**: *when...had spent*; cum + plpf. subjunctive, translate in plpf. tense
  hōc cōnātū: *from...*; abl. of separation
  sē contulit: *carried himself*; pf. cōnferō
20 **ut...peteret**: *so that...he might seek*; purpose clause, impf. subjunctive
22 **hīs**: *with...*; means, i.e. the crepundia
23 **ut...āvolārent**: *that..flew away*; result clause, impf. subj. in secondary seq.

30. 7th LABOR: THE CRETAN BULL 1

Tum Eurystheus Herculī imperāvit ut taurum quendam ferōcissimum ex īnsulā Crētā vīvum referret. Ille igitur nāvem cōnscendit, et cum ventus idōneus esset, statim solvit. Cum tamen īnsulae iam appropinquāret, tanta tempestās subitō coörta est ut 5 nāvis cursum tenēre nōn posset. Tantus autem timor animōs nautārum occupāvit ut paene omnem spem salūtis dēpōnerent. Herculēs tamen, etsī nāvigandī imperītus erat, haudquāquam territus est.

10

Post breve tempus summa tranquillitās cōnsecūta est, et nautae, quī sē ex timōre iam recēperant, nāvem incolumem ad terram appulērunt. Herculēs ē nāvī ēgressus est, et cum ad rēgem Crētae vēnisset, causam veniendī docuit. Deinde, postquam omnia parāta sunt, ad eam regiōnem contendit quam taurus vāstābat. Mox 15 taurum vīdit, et quamquam rēs erat magnī perīculī, cornua eius prehendit. Tum, cum ingentī labōre mōnstrum ad nāvem trāxisset, cum praedā in Graeciam rediit.

31. 8th LABOR: MAN-EATING HORSES OF DIOMEDE 20

Postquam ex īnsulā Crētā rediit, Herculēs ab Eurystheō in Thrāciam missus est, ut equōs Diomēdis redūceret. Hī equī carne hominum vēscēbantur; Diomēdēs autem, vir crūdēlissimus, illīs obiciēbat peregrīnōs omnēs quī in eam regiōnem vēnerant. Herculēs igitur magnā celeritāte in Thrāciam contendit et ab 25 Diomēde postulāvit ut equī sibi trāderentur. Cum tamen ille hoc facere nōllet, Herculēs īrā commōtus rēgem interfēcit et cadāver eius equīs obicī iussit.

appellō, -ere, -pulī, -pulsum: drive (to), 14
appropinquō (1): come near, approach, 8
cadāver, -eris n.: corpse, dead body, 3
carō, carnis f.: flesh, meat, 4
celeritās, -tātis f.: speed, quickness, 7
cōnscendō, -ere, -ndī, -nsum: climb aboard, 6
cōnsequor, -ī, secūtum: follow; pursue, 3
contendō, -ere, -ī, -tum: hasten; fight, 11
coörior, coörīrī, coörtus sum: arise, 4
cornū, -ūs n.: horn, 2
Crēta, -ae f.: Crete, 3
crūdēlis, -e: cruel, bitter, bloody, 6
cursus, -ūs m.: course, running, haste, 10
deinde: then, thereupon, 8
dēpōnō, -ere, -suī, -situm: put down/aside, 9
Diōmēdēs, -is m.: Diomedes, 3
doceō, -ēre, -uī, -ctum: teach, tell, 9
equus, -ī m.: horse, 7
etsī: even if, although, though, 13
ferōx, -ōcis: fierce, savage
Graecia, -ae f.: Greece, 7
haudquāquam: not at all, in no way, 2
idōneus, -a, -um: suitable, appropriate, 12
imperītus, -a, -um: inexperienced
imperō (1): order, command, 12

incolumis, -e: inscathed, uninjured, safe, 7
īra, īrae f.: anger, 12
nauta, -ae f.: sailor, 3
nāvigō (1): sail, 5
nōlō, nōlle, nōluī: not…wish, be unwilling 12
obiciō, -ere, -iēcī, -iectum: throw or cast at, 3
occupō (1): occupy, seize, 8
paene: almost, nearly, 8
peregrīnus, -ī m.: stranger, foreigner
postulō (1): demand, claim, request, ask, 11
praeda, -ae f.: plunder, spoils, 2
prehendō, -ere, -hendī, -hēnsum: seize, 5
quamquam: although, 4
recipiō, -ere, -cēpī, -ceptum: take back, 8
redūcō, -ere, -dūxī, -tum: lead/bring back, 11
taurus, -ī m.: bull, 7
teneō, tenēre, tenuī, tentum: hold, keep 13
terreō, -ēre, -uī, territum: terrify, scare, 5
Thrācia, -ae f.: Thrace, 3
trahō, -ere, trāxī, tractum: draw, drag, 6
tranquillitās, -tātis f.: calm, tranquility, 2
vāstō (1): lay waste, 2
ventus, -ī m.: wind, 10
vēscor, vēscī: feed on, eat (+ abl.) 3
vīvus, -a, -um: living, alive, 4

---

2 **Herculī**: *Hercules*; dat. obj. of imperāvit
  ut…referret: *that…*; ind. command with impf. subj. referō (secondary seq.) may be translated as 'that…carry back' or often as inf. 'to carry back…'
4 **cum…esset**: *when…*; impf. subj. of sum, translate just as impf. indicative
5 **appropinquāret**: impf. subj., see line 4
  ut…posset: *that..was able*; result clause, impf. subj. possum (secondary seq.)
7 **ut…dēpōneret**: *that…carried off*; result clause, impf. subj. (secondary seq)
8 **nāvigandī**: *of sailing*; gen. sg. Gerund modifies imperītus
12 **sē…recēperant**: *had retreated*; idiom
13 **cum…vēnisset**: *when…*; plpf. subj. of veniō, translate as plpf. indicative
  veniendī: *for coming*; gen. sg. gerund here a objective genitive
16 **magnī perīculī**: *of great danger*; gen.

of description as predicate
17 **ingentī labōre**: *with…*; abl. of means or manner; i-stem 3rd decl. adj.
  trāxisset: plpf. subj. trahō, see line 13
18 **rediit**: pf. red-eō
22 **ut…redūceret**: *in order that…might*; purpose clause, impf. subj. can be translated "in order that" or "so that" or as infinitives expressing purpose
23 **vēscēbantur**: dep. governs abl. object
  illīs: *at them*; dat. of compound verb
25 **magnā celeritāte**: *with…*; abl. of manner
26 **ut…trāderentur**: *that..be handed over…*; ind. command, impf. subj.
27 **cum…nōllet**: *when…*; impf. subj. nōlō (inf. nōlle)
27 **cadāver**: neuter acc. direct object
28 **equīs**: *to…*; dat. of compound verb
  obicī: pres. pass. inf. ob-iciō

With the exception of purpose clauses (may, might) and if-then clauses, almost all the subjunctives that readers will encounter do not require a special translation. Simply identify the tense of the verb and translate as one would an indicative.

Ita mīra rērum commūtātiō facta est; is enim quī anteā multōs cum   1
cruciātū necāverat ipse eōdem suppliciō necātus est. Cum haec
nuntiāta essent, omnēs quī eam regiōnem incolēbant maximā
laetitiā affectī sunt et Herculī meritam grātiam referēbant. Nōn
modo maximīs honōribus et praemiīs eum decorāvērunt sed   5
orābant etiam ut rēgnum ipse susciperet. Ille tamen hoc facere
nōlēbat, et cum ad mare rediisset, nāvem occupāvit. Ubi omnia ad
nāvigandum parāta sunt, equōs in nāvī collocāvit; deinde, cum
idōneam tempestātem nactus esset, sine morā ē portū solvit, et
paulō post equōs in lītus Argolicum exposuit.   10

32. 9th LABOR: THE GIRDLE OF HIPPOLYTE

Gēns Amāzonum dicitur omnīnō ex mulieribus cōnstitisse. Hae
summam scientiam reī mīlitāris habēbant, et tantam virtūtem
adhibēbant ut cum virīs proelium committere audērent. Hippolytē,   15
Amāzonum rēgīna, balteum habuit celeberrimum quem Mars eī
dederat. Admēta autem, Eurystheī fīlia, fāmam dē hōc balteō
accēperat et eum possidēre vehementer cupiēbat. Eurystheus igitur
Herculī mandāvit ut cōpiās cōgeret et bellum Amāzonibus īnferret.
Ille nūntiōs in omnēs partēs dīmīsit, et cum magna multitūdō   20
convēnisset, eōs dēlēgit quī maximum ūsum in rē mīlitārī
habēbant.

33. THE GIRDLE IS REFUSED

Hīs virīs Herculēs persuāsit, postquam causam itineris exposuit, ut   25
sēcum iter facerent. Tum cum eīs quibus persuāserat nāvem

adhibeō, -ēre, -uī, -itum: apply, hold to, 4
Admēta, -ae f.: Admeta
Amāzonēs, -um f.: Amazon, 7
anteā: before, earlier, formerly, previously, 7
Argolicus, -a, -um: of Argolis
audeō, -ēre, ausus sum: dare
balteus, -eī m.: belt, girdle, 5
bellum, -ī, n.: war, 6
celeber, -bris, -bre: frequented, celebrated, 2
cōgō, cōgere, -ēgī, -āctum: collect, compel, 5
committō, -mittere, -mīsī: commit, entrust, 6
commūtātio, -tiōnis f.: change, 2
conlocō (1): place together
cōnstō, -stāre, -stitī, -stitum: stand firm,
stand together; cost; it is agreed, 6
cōnveniō, -īre, vēnī, ventum: come together 8
cōpia, -ae f.: abundance, supply; troops, 10
cruciātus, -ūs m.: torture, 2
cupiō, -ere, -īvī, -ītum: desire, long for, 4
decorō (1): adorn, distinguish, 2
deinde: then, thereupon, 8
dēligō, -ere, -lēgī, -lectum: choose, select, 6
equus, -ī m.: horse, 7
expōnō, -ere, -suī, -situm: set out, explain 7
fāma, -ae f.: fame, reputation, report, rumor 7
gēns, gentis f.: clan, race, nation, herd, 4
grātia, -ae f.: gratitude, favor, thanks, 10
Hippolytē, -ēs f.: Hippolyte, 4
honor, -ōris m.: honor, glory; offering, 4
idōneus, -a, -um: suitable, appropriate, 12
incolō, -ere, -uī: inhabit, 4

īnferō, -ferre, -tulī, -lātum: carry on, wage, 3
laetitia, -ae f.: joy, happiness, 3
mandō (1): command; entrust, commit, 2
Mars, Martis m.: Mars
maximus, -a, -um: greatest, 9
meritus, -a, -um: deserved, due, just, 4
mīlitāris, -e: military, warlike, 3
mīrus, -a, -um: wonderful, amazing, 7
mora, -ae f.: delay, hesitation, hindrance, 14
mulier, mulieris f.: woman, 3
multitūdō, -tūdinis f.: multitude, 2
nancīscor, -ī, nactus sum: attain, meet, 7
nāvigō (1): sail, 5
necō (1): kill, slay, put to death, 9
nōlō, nōlle, nōluī: not…wish, be unwilling 12
nūntiō (1): announce, 3
nūntius, -iī m.: messenger, 12
occupō (1): occupy, seize, 8
omnīnō: altogether, wholly, entirely, 11
ōrō (1): pray (for), entreat, beseech, 5
persuādeō, -ēre, -suāsī, -suāsum: persuade, 9
portus, -ūs m.: harbort, port, 3
possideō, -ēre, possēdī, possessum: possess
praemium, -iī n.: reward, 5
rēgīna, -ae f.: queen, 2
scientia, -ae f.: knowledge, wisdom, 6
supplicium, -iī n.: punishment, supplication, 5
suscipiō, -ere, -cēpī, -ceptum: undertake, 14
ūsus, ūsūs m.: use, employment, 3
vehementer: strongly, violently, ardently, 11
virtūs, -ūtis f.: valor, manhood, excellence, 10

---

1 is…quī: *for he who…*
cum cruciātū: abl. of manner
3 nuntiāta essent: *when…*; plpf. pass. subj.
in a cum-clause, translate as as you would a
plpf. pass. indicative
eam: *this*; demonstrative adj.
4 Herculī: *Hercules*; dat. ind. object
Nōn modo…sed…etiam: *not only…*
but also; modo is an adverb
5 honōribus, praemiīs: abl. of means
6 ut…susciperet: *that…undertake*; impf.
subj. in ind. command can alternatively be
translated as an inf. 'to undertake'
7 cum…rediisset: plpf. subj. red-eō, translate
as plpf. indicative
ad…: *for…*; ad + acc. gerund (-ing)
expresses purpose
8 in nāvī: 3rd decl. i-stem abl.
9 nactus esset: plpf. deponent subj., translate

as a plpf. active indicative
solvit: *set sail*
10 paulō: *little*; abl. of degree of difference
13 cōnstitisse: *have consisted*; pf. inf.
14 reī mīlitāris: *of military affairs*; gen. sg.
15 ut…audēret: *that…*; impf. subj. of audeō
in a result clause
proelium committere: *begin battle*; idiom
16 celeberrimum: superlative with balteum
eī: dat. ind. obj. is, ea, id
19 Herculī: dat. ind. obj.
ut..cōgeret…īnferret: *that…force*; impf.
subj. ind. command
Amāzonibum: *on…*; dat. of compound
verb
20 partēs: *directions*
21 rē mīlitārī: *military affairs*
25 persuāsit: governs dat + ind. command
26 quibus…: *whom he had persuaded…*

cōnscendit, et cum ventus idōneus esset, post paucōs diēs ad   1
ōstium flūminis Thermōdontis appulit. Postquam in fīnēs
Amāzonum vēnit, nūntium ad Hippolytam mīsit, quī causam
veniendī docēret et balteum posceret. Ipsa Hippolytē balteum
trādere volēbat, quod dē Herculis virtūte fāmam accēperat; reliquae   5
tamen Amāzonēs eī persuāsērunt ut negāret. At Herculēs, cum haec
nūntiāta essent, bellī fortūnam temptāre cōnstituit.

Proximō igitur diē cum cōpiās ēdūxisset, locum idōneum dēlēgit
et hostēs ad pugnam ēvocāvit. Amāzonēs quoque cōpiās suās ex
castrīs ēdūxērunt et nōn magnō intervāllō ab Hercule aciem   10
īnstrūxērunt.

34. THE BATTLE

Palūs erat nōn magna inter duōs exercitūs; neutrī tamen initium
trānseundī facere volēbant. Tandem Herculēs signum dedit, et ubi   15
palūdem trānsiit, proelium commīsit.

Amāzonēs impetum virōrum fortissimē sustinuērunt, et contrā
opīniōnem omnium tantam virtūtem praestitērunt ut multōs eōrum
occīderint, multōs etiam in fugam coniēcerint. Virī enim novō
genere pugnae perturbābantur nec magnam virtūtem praestābant.   20
Herculēs autem cum haec vidēret, dē suīs fortūnīs dēspērāre coepit.
Mīlitēs igitur vehementer cohortātus est ut pristīnae virtūtis
memoriam retinērent neu tantum dēdecus admitterent, hostiumque
impetum fortiter sustinērent; quibus verbīs animōs omnium ita
ērēxit ut multī etiam quī vulneribus confectī essent proelium sine   25
morā redintegrārent.

aciēs, -ēī f.: sharp edge, battle line, army, 3
admittō, -ere, -mīsī, -missum: admit, allow, 1
Amāzonēs, -um f.: Amazon, 7
appellō, -ere, -pulī, -pulsum: drive (to), 14
balteus, -eī m.: belt, girdle, 5
bellum, -ī, n.: war, 6
castra, -ōrum n.: camp
cohortor, -hortārī, -hortātum: encourage, 2
committō, -mittere, -mīsī: commit, entrust, 6
cōnscendō, -ere, -ndī, -nsum: climb aboard, 6
contrā: against (+ acc.), 7
cōpia, -ae f.: abundance, supply; troops, 10
dēdecus, dēdecoris n.: dishonor, disgrace
dēligō, -ere, -lēgī, -lectum: choose, select, 6
dēspērō (1): despair, give up, 4
doceō, -ēre, -uī, -ctum: teach, tell, 9
duo, duae, duo: two, 10
ēdūcō, -ere, -dūxī, -ductum: lead out, draw, 3
ērigō, -ere, -rēxī, -rectum: raise up, lift
ēvocō (1): call out, challenge
exercitus, -ūs m.: army, 2
fāma, -ae f.: fame, reputation, report, rumor 7
fīnis, -is m./f.: end, limit, border, boundary, 12
fortis, -e: strong, brave, valiant, 5
fortiter: bravely, 2
fortūna, -ae f.: fortune, chance, luck, 3
fuga, -ae f.: flight, haste, exile, speed, 6
genus, -eris n.: birth, race; kind, family, 2
Hippolytē, -ēs f.: Hippolyte, 4
hostis, -is m./f.: stranger, enemy, foe, 5
idōneus, -a, -um: suitable, appropriate, 12
impetus, -ūs m.: attack, onset, assault, 9
initium, -ī n.: beginning, entrance
īnstruō, -ere, -ūxī, -ūctum: equip, draw up, 6
inter: between, among (+ acc.), 10
intervallum, -ī n.: interval, distance, 2

memoria, -ae f.: memory, 4
mīlēs, mīlitis m.: soldier, 2
mora, -ae f.: delay, hesitation, hindrance, 14
nec: and not, nor, 10
negō (1): deny, say that…not, 3
neu: nor, and not
neuter, neutra, neutrum: neither
novus, -a, -um: new, 4
nūntiō (1): announce, 3
nūntius, -iī m.: messenger, 12
occīdō, -ere, -cīdī, -cīsum: kill, cut down, 14
opīniō, -iōnis f.: opinion, reputation, 6
ōstium, -iī n.: mouth, entrance, 3
palūs, palūdis f.: swamp, marsh, 3
persuādeō, -ēre, -suāsī, -suāsum: persuade, 9
perturbō (1): trouble, greatly disturb, 2
poscō, -ere, poposcī: ask, demand
praestō, -stāre, -stitī: stand in front, show, 6
pristīnus, -a, -um: former
proelium, -iī n.: battle, 4
proximus, -a, -um: nearest, next, 5
pugna, -ae f.: fight, 2
que: and, 14
quoque: also
redintegrō (1): make whole again, renew
retineō, -ēre, -uī, -tentum: hold/keep back, 3
signum, -ī n.: sign, signal, 2
sustineō, -ēre, -uī, -tentum: hold up, endure 7
temptō (1): attempt; attack; test, probe
Thermōdōn, -dontis m.: Thermodon
trānseō, -īre, -iī (īvī), -itum: pass (by), 10
vehementer: strongly, violently, ardently, 11
verbum, -ī n.: word, speech, 4
virtūs, -ūtis f.: valor, manhood, excellence, 10
volō (1): fly, 3
vulnus, -eris n.: wound, blow, 6

---

1 **esset**: impf. subj. sum, translate impf.
3 **quī…doceret…posceret**: *who would… and would*; relative clause of purpose; impf. subj.
4 **veniendī**: gen. sg. gerund (-ing)
   Hippolytē: fem. nom. sg.
6 **persuāsērunt**: *persuaded (dat) that…*; governs ind. command (*ut*); impf. subj.
7 **nūntiāta essent**: plpf. subj. translate just as plpf. pass. indicative
8 **Proximō diē**: *on…*; abl. of time when
   ēdūxisset: plpf. subj. ēdūcō
10 **nōn magnō intervāllō**: *not a great interval*

14 **neutrī**: *neither*; nom. pl. subj. neuter
15 **trānseundī**: gen. sg. gerund (-ing) trāns-eō
16 **trānsiit**: pf. trāns-eō
17 **fortissimē**: superlative adv.
   sustinērunt: *held off*
18 **ut…occīderint**: *that…*; pf. subj. in a result clause, translate as pf. indicative
   novō genere: *by the new type*
24 **ut…sustinērent**: ind. command
   quibus verbīs: *with these words*; 'which'
25 **ut…redintegrārent**: *that…;* result clause, impf. subj.
   confectī essent: plpf. pass. subj. in a rel. clause of characteristic

35. THE DEFEAT OF THE AMAZONS

Diū et ācriter pugnātum est; tandem tamen ad sōlis occāsum tanta commūtātiō rērum facta est ut mulierēs terga verterent et fugā salūtem peterent. Multae autem vulneribus dēfessae dum fugiunt captae sunt, in quō numerō ipsa erat Hippolytē. Herculēs summam clēmentiam praestitit, et postquam balteum accēpit, lībertātem omnibus captīvīs dedit. Tum vērō sociōs ad mare redūxit, et quod nōn multum aestātis supererat, in Graeciam proficīscī mātūrāvit. Nāvem igitur cōnscendit, et tempestātem idōneam nactus statim solvit; antequam tamen in Graeciam pervēnit, ad urbem Trōiam nāvem appellere cōnstituit, frūmentum enim quod sēcum habēbat iam dēficere coeperat.

36. LAOMEDON AND THE SEA-MONSTER

Lāomedōn quīdam illō tempore rēgnum Trōiae obtinēbat. Ad hunc Neptūnus et Apollō annō superiōre vēnerant, et cum Trōia nōndum moenia habēret, ad hoc opus auxilium obtulerant. Postquam tamen hōrum auxiliō moenia cōnfecta sunt, nōlēbat Lāomedōn praemium quod prōposuerat persolvere.

Neptūnus igitur et Apollō ob hanc causam īrātī mōnstrum quoddam mīsērunt speciē horribilī, quod cotīdie ē marī veniēbat et hominēs pecudēsque vorābat. Trōiānī autem timōre perterritī in urbe continēbantur, et pecora omnia ex agrīs intrā mūrōs compulerant. Lāomedōn hīs rēbus commōtus ōrāculum cōnsuluit, ac deus eī praecēpit ut fīliam Hēsionēn mōnstrō obiceret.

1

5

10

15

20

25

ac: and, and also, 14
ācriter: sharply, fiercely, 2
aestās, aestātis f.: summer
ager, -grī m.: land, field, territory, 11
antequam: before, 9
Apollō, Apollinis m.: Apollo, 7
appetō, -ere, -īvī, -petītum: draw near, 3
balteus, -eī m.: belt, girdle, 5
captīvus, -a, -um: prisoner, 2
clementia, -ae f.: mercy, kindness
commūtātiō, -tiōnis f.: change, 2
compellō, -ere, -pulī: drive together, 3
cōnscendō, -ere, -ndī, -nsum: climb aboard, 6
cōnsulō, -ere, -luī, -ltum: consult, 3
contineō, -ēre, -nuī: hold or keep together, 4
cotīdiē: daily, 2
dēfessus, -a, -um: wearied, exhausted
dēficiō, -ere, -fēcī, -fectum: fail, 3
diū: a long time, long, 13
frūmentum, -ī n.: grain, 4
fuga, -ae f.: flight, haste, exile, speed, 6
fugiō, fugere, fūgī, --: flee, hurry away, 9
Graecia, -ae f.: Greece, 7
Hēsionē, -ēs f. (Grk acc. Hēsionēn): Hesione
Hippolytē, -ēs f.: Hippolyte, 4
horribilis, -e: horrible, dreadful, 11
idōneus, -a, -um: suitable, appropriate, 12
intrā: within, among (+ acc.), 4
īrātus, -a, -um: angry, 5
Lāomedōn, -ontis m.: Laomedon, 5
lībertās, -tātis f.: freedom, liberty
mātūrō (1): hasten, ripen, 7
moenia, -ōrum n.: walls, 2
mulier, mulieris f.: woman, 3
mūrus, -ī m.: (city) wall, rampart, 4

nancīscor, -ī, nactus sum: attain, meet, 7
Neptūnus, -ī m.: Neptune, 4
nōlō, nōlle, nōluī: not...wish, be unwilling 12
nōndum: not yet, 4
numerus, -ī m.: number, multitude, 7
ob: on account of (*acc.*), 13
obiciō, -ere, -iēcī, -iectum: throw or cast at, 3
obtineō, -ēre, -uī, -tentum: hold, maintain, 9
occāsus, -ūs m.: fall, destruction, 4
offerō, -ferre, obtulī, -lātum: offer, present 5
opus, -eris n.: work, deed, toil, 9
ōrāculum, -ī n.: oracle, 11
pecus, pecoris n.: herd, flock, 4
pecus, pecudis f.: herd of cattle
persolvō, -ere, -solvī, -solūtum: pay up
perterreō, -ēre: frighten, terrify, 5
petō, petere, petīvī, petītum: seek, aim at, 10
praecipiō, -ere, -cēpī, -ceptum: order, take, 6
praemium, -iī n.: reward, 5
praestō, -stāre, -stitī: stand in front, show, 6
prōpōnō, -ere, -suī, -situm: put or set forth, 4
pugnō (1): fight, 4
que: and, 14
redūcō, -ere, -dūxī, -tum: lead/bring back, 11
sōl, sōlis m.: sun, 10
superior, -ium: higher, upper, 3
superō (1): overcome, defeat, 3
tergum, -ī n.: back, 8
Trōia, -ae f.: Troy, 9
Trōiānī, -ōrum m.: Trojans
vērō: in truth, in fact, certainly, 5
vertō, -ere, vertī, versum: turn, 4
vorō (1): devour
vulnus, -eris n.: wound, blow, 6

---

2 **pugnātum est**: *they fought*; 'it was fought,' an impersonal passive is often translated in the active in English, supply a subject **ad**: *near*...
3 **ut...peterent**: *that...*; result, impf. subj. **fugā**: *in flight*; abl. means
4 **Multae**: *many (Amazons)* **vulneribum**: abl. means
5 **Hippolytē**: Greek 1st decl. nominative sg.
7 **vērō**: *in fact*; adverb
8 **multum aestātis**: *much of the summer;* partitive gen. **supererat**: *remained*; impf. supersum

9 **proficīscī**: dep. inf. proficiscor
9 **nactum**: *having obtained*; dep. nancīscor
10 **solvit**: *set sail*
15 **illō tempore**: *at...*; abl. time when
16 **annō superiōre**: *in the previous year* **cum...habēret**: *since...*; causal in sense
17 **ad...**: *for...*; expressing purpose
21 **speciē horribilī**: *of...*; abl. of quality, 3rd decl. i-stem abl. adjective
24 **commōtum**: *upset*; 'troubled,' PPP, as often, to move emotionally, not physically
25 **eī praecēpit**: *instructed him*; 'ordered' **ut...obiceret**: ind. command, impf.

37. THE RESCUE OF HESIONE   1

Lāomedōn, cum hoc respōnsum renūntiātum esset, magnum
dolōrem percēpit; sed tamen, ut cīvēs suōs tantō perīculō līberāret,
ōrāculō pārēre cōnstituit et diem sacrificiō dīxit. Sed sīve cāsū sīve
cōnsiliō deōrum Herculēs tempore opportūnissimō Trōiam attigit;   5
ipsō enim temporis pūnctō quō puella catēnīs vīncta ad lītus
dēdūcēbātur ille nāvem appulit. Herculēs ē nāvī ēgressus dē rēbus
quae gerēbantur certior factus est; tum īrā commōtus ad rēgem sē
contulit et auxilium suum obtulit. Cum rēx libenter eī concessisset
ut, sī posset, puellam līberāret, Herculēs mōnstrum interfēcit; et   10
puellam, quae iam omnem spem salūtis dēposuerat, incolumem ad
patrem redūxit. Lāomedōn magnō cum gaudiō fīliam suam accēpit,
et Herculī prō tantō beneficiō meritam grātiam rettulit.

38. 10th LABOR: THE OXEN OF GERYON   15

Tum vērō missus est Herculēs ad īnsulam Erythēam, ut bovēs
Gēryonis arcesseret. Rēs erat summae difficultātis, quod bovēs ā
quōdam Eurytiōne et ā cane bicipite custōdiēbantur. Ipse autem
Gēryōn speciem horribilem praebēbat; tria enim corpora inter sē
coniūncta habēbat. Herculēs tamen etsī intellegēbat quantum   20
perīculum esset, negōtium suscēpit; ac postquam per multās terrās
iter fēcit, ad eam partem Libyae pervēnit quae Eurōpae proxima
est. Ibi in utrōque lītore fretī quod Eurōpam ā Libyā dīvidit
columnās cōnstituit, quae posteā Herculis Columnae appellābantur.

ac: and, and also, 14
appellō (1): call (by name), name, 12
appellō, -ere, -pulī, -pulsum: drive (to), 14
arcessō, -ere, -īvī, -itum: summon, invite, 2
attingō, -ere, -tigī, -tāctum: touch at, reach, 3
beneficium, -iī n.: benefit, favor; kindness, 8
biceps, bicipitis: two-headed
canis, -is m. f.: dog, 3
cāsus, -ūs m.: misfortune, accident, event, 8
catēna, -ae f.: chain, 2
certus, -a, -um: fixed, sure, 11
cīvis, -is m/f: citizen, fellow citizen, 5
columna, -ae f.: column, pillar, 2
concēdō, -ere; go away, withdraw, yield
coniungō, -ere, -nxī, -nctum: join together, 2
custōdiō, -īre, -īvī, -ītum: guard, 4
dēdūcō, -ere: lead or bring down, launch, 10
dēpōnō, -ere, -suī, -situm: put down/aside, 9
difficultās, -tātis f.: difficulty, 7
dīvidō, -ere, -vīsī, -vīsum: divide, separate, 3
Erythīa, -ae f.: Erythia
etsī: even if, although, though, 13
Eurōpa, -ae f.: Europe, 2
Eurytiōn, -ōnis m.: Eurytion, 2
fretum, ī n.: strait
gaudium, -iī n.: gladness, joy, 9
Gēryōn, -onis m.: Geryon, 4
grātia, -ae f.: gratitude, favor, thanks, 10
horribilis, -e: horrible, dreadful, 11
incolumis, -e: inscathed, uninjured, safe, 7
inter: between, among (+ acc.), 10

īra, īrae f.: anger, 12
Lāomedōn, -ontis m.: Laomedon, 5
libenter: gladly, willingly, 12
līberō (1): set free, release, 6
Libya, -ae f.: Libya, 3
meritus, -a, -um: deserved, due, just, 4
negōtium, iī n.: task, business, occupation, 13
offerō, -ferre, obtulī, -lātum: offer, present 5
opportūnus, -a, -um: suitable, convenient, 2
ōrāculum, -ī n.: oracle, 11
pāreō, -ēre, pāruī: obey, 3
pater, patris, m.: father, 12
percipiō, -ere, -cēpī, -ceptum: feel, perceive 5
posteā: after this, afterwards, 7
praebeō, -ēre, -uī, -itum: present, give, 7
prō: before, in front of, for, 9
proximus, -a, -um: nearest, next, 5
puella, -ae f.: girl, 8
pūnctum, -ī n.: point, instant, moment
quantus, -a, -um: how much, how great, 4
redūcō, -ere, -dūxī, -tum: lead/bring back, 11
renūntiō (1): report, announce, 2
respondeō, -ēre, -dī, -ōnsum: answer, 13
sacrificium, -iī n.: sacrifice, 5
sīve: or if, whether if, 6
suscipiō, -ere, -cēpī, -ceptum: undertake, 14
trēs, tria: three, 9
Trōia, -ae f.: Troy, 9
uterque, utraque, utrumque: each (of two)
vērō: in truth, in fact, certainly, 5
vīnciō, -īre, vīnxī, vīnctum: bind, tie, 4

---

2 cum...renūnitātum esset: plpf. pass. subj.,
   translates as a plpf. indicative
3 ut...līberāret: so that...; purpose
   tantō perīculō: from...; abl. of separation
   with impf. subj. of līberō
4 pārēre: obey; governs a dat. object
   diem...dīxit: appointed the day
   sacrificiō: for...; dat. of purpose
   sīve...sīve: whether...or
   cāsū: by chance; abl. of cause; elsewhere
   cāsus means 'misfortune'
5 cōnsiliō: by the plan; abl. of cause
   opportūnissimō: most opportune; i.e.
   most timely, abl. time when
6 ipsō pūnctō: at that very point; 'at the
   point itself,' abl. of time when
   quō: at which (time); abl. time when
   vīncta: PPP (pf. pass. pple) vinciō
7 ēgressum: having stepped out; i.e. 'having

disembarked' dep. pf.
8 quae gerēbantur: which were being
   carried out; the antecedent is rēbus
   certior factus est: were made more certain;
   i.e. 'were informed;' commom idiom in
   Caesar; certior is a pred. adj. in the
   comparative degree
   sē contulit: carried himself; pf. conferō
9 concessisset: had yielded to him
10 ut...līberāret: so that he might free...;
   purpose
   sī posset: if he should be able; impf.
   subj. possum; fut. less vivid condition in
   secondary sequence
13 prō: (in return) for...
   rettulit: pf. re-ferō
17 arcesseret: so that...might; purpose
21 esset: was; ind. question, impf. subj. sum
22 Eurōpae: to...; dat. with special adj.

39. THE GOLDEN SHIP   1

Dum hīc morātur, Herculēs magnum incommodum ex calōre sōlis
accipiēbat; tandem igitur īrā commōtus arcum suum intendit et
sōlem sagittīs petiit. Sōl tamen audāciam virī tantum admīrātus est
ut lintrem auream eī dederit. Herculēs hoc dōnum libentissimē   5
accēpit, nūllam enim nāvem in hīs regiōnibus invenīre potuerat.
Tum lintrem dēdūxit, et ventum nactus idōneum post breve tempus
ad īnsulam pervēnit. Ubi ex incolīs cognōvit quō in locō bovēs
essent, in eam partem statim profectus est et ā rēge Gēryone
postulāvit ut bovēs sibi trāderentur. Cum tamen ille hoc facere   10
nōllet, Herculēs et rēgem ipsum et Eurytiōnem, quī erat ingentī
magnitūdine corporis, interfēcit.

40. A MIRACULOUS HAIL-STORM

Tum Herculēs bovēs per Hispāniam et Liguriam compellere   15
cōnstituit; postquam igitur omnia parāta sunt, bovēs ex īnsulā ad
continentem trānsportāvit. Ligurēs autem, gēns bellicōsissima, dum
ille per fīnēs eōrum iter facit, magnās cōpiās coēgērunt atque eum
longius prōgredī prohibēbant. Herculēs magnam difficultātem
habēbat, barbarī enim in locīs superiōribus cōnstiterant et saxa   20
tēlaque in eum coniciēbant. Ille quidem paene omnem spem salūtis
dēposuerat, sed tempore opportūnissimō Iuppiter imbrem lapidum
ingentium ē caelō dēmīsit. Hī tantā vī cecidērunt ut magnum
numerum Ligurum occīderint; ipse tamen Herculēs (ut in tālibus
rēbus accidere cōnsuēvit) nihil incommodī cēpit.   25

accidō, -ere, accidī: happen, fall (on)to, 8
admīror, -ārī, -ātus sum: admire, wonder at
arcus, -ūs m.; bow, 4
audācia, -ae f.: boldness, audacity, 2
aureus, -a, -um: golden, 13
barbarus, -a, -um: foreign, savage
bellicōsus, -a, -um: warlike, 2
cadō, -ere, cecidī, cāsum: fall
caelum, -ī n.: sky, 4
calor, -ōris m.: heat
cōgō, cōgere, -ēgī, -āctum: collect, compel, 5
compellō, -ere, -pulī: drive together, 3
cōnstō, -stāre, -stitī, -stitum: stand firm,
 stand together; cost; it is agreed, 6
cōnsuēscō, -ere, -ēvī, -suētum: accustom, 3
continēns, -entis f.: continent
cōpia, -ae f.: abundance, supply; troops, 10
dēdūcō, -ere: lead or bring down, launch, 10
dēmittō, -ere, -mīsī, -missum: drop, 3
dēpōnō, -ere, -suī, -situm: put down/aside, 9
difficultās, -tātis f.: difficulty, 7
dōnum, -ī n.: gift, 6
Eurytiōn, -ōnis m.: Eurytion, 2
fīnis, -is m./f.: end, limit, border, boundary, 12
gēns, gentis f.: clan, race, nation, herd, 4
Gēryōn, -onis m.: Geryon, 4
Hispānia, -ae f.: Spain
idōneus, -a, -um: suitable, appropriate, 12
imber, imbris m.: rain
incola, -ae m.: inhabitant, 7
incommodum, -ī n.: inconvenience, 2

intendō, -ere, -ndī, -ntum: stretch out, aim, 4
inveniō, -īre, -vēnī, -ventum: find, discover 8
īra, īrae f.: anger, 12
Iuppiter, Iovis m.: Jupiter, 8
lapis, -idis m.: stone
libenter: gladly, willingly, 12
Ligurēs, -um m.: Ligurians, 3
Liguria, -ae f.: Liguria
linter, lintris f.: boat, skiff, 3
longē: far, far and wide, 6
magnitūdō, -tūdinis f.: size, greatness, 13
moror, -ārī, -ātus sum: delay, linger, 3
nancīscor, -ī, nactus sum: attain, meet, 7
nihil: nothing, 14
nōlō, nōlle, nōluī: not…wish, be unwilling 12
numerus, -ī m.: number, multitude, 7
occīdō, -ere, -cīdī, -cīsum: kill, cut down, 14
opportūnus, -a, -um: suitable, convenient, 2
paene: almost, nearly, 8
petō, petere, petīvī, petītum: seek, aim at, 10
postulō (1): demand, claim, request, ask, 11
prohibeō, -ēre, -hibuī: hold back, hinder, 2
que: and, 14
quidem: indeed, in fact, assuredly, certainly, 8
sagitta, -ae f.: arrow, 10
sōl, sōlis m.: sun, 10
superior, -ium: higher, upper, 3
tālis, -e: such, 6
tēlum, -ī n.: weapon, arrow, spear, 3
trānsportō (1): carry over or across, 2
ventus, -ī m.: wind, 10

---

2 morātur: *is lingering*; pres. deponent
4 petiit: *attacked*; i.e. 'chased' syncopated pf.
 peti(v)it
 Sōl: *the god Sun*; here personified
5 ut…dederit: pf. subj. in a result clause,
 translate as a pf. indicative; dō, dare
5 eī: dat. sg. ind. obj. is, ea, id
 libentissimē: superlative adverb
7 nactum: *having attained*; pple nancīscor
8 quō in locō: *in which place*; in quō locō
9 profectus est: pf. dep. proficīscor
10 trāderentur: *that…be handed over*;
 impf. pass. in an ind. command
11 nōllet: impf. subj. of nōlō (inf. nōlle)
 in a cum-clause
 ingentī magnitūdine: *of…*; abl. of quality
 as the predicate of erat
17 continentem: *the continent*

18 fīnēs: *borders*; or 'territory'
 cōpiās: *troops*
 coēgērunt: pf. cōgō (co-agō) means
 'drive, compel' or, as here, 'gather'
19 longium: *farther*, comparative adv.
 progredī: dep. inf. progredior
22 dēposuerat: *had put aside*; i.e. lost
 tempore: *at…*; abl. of time when
 lapidum ingentium: gen. pl. 3rd decl.
23 Hī: *these (rocks)*; supply lapidēs
 vī: irregular abl. sg. vīs
 cecidērunt: pf. cadō
24 ut…occīderint: *that…*; pf. subj. in a result
 clause, translate as a pf. indicative
 ut: *as…*; ut + ind., translate as 'as' or
 'when'
25 nihil incommodī: *no harm*; 'nothing
 of inconvenience,' partitive gen.

41. THE PASSAGE OF THE ALPS   1

Postquam Ligurēs hōc modō superātī sunt, Herculēs quam
celerrimē prōgressus est et post paucōs diēs ad Alpēs pervēnit.
Necesse erat hās trānsīre, ut in Ītaliam bovēs ageret; rēs tamen
summae erat difficultātis. Hī enim montēs, quī ulteriōrem ā   5
citeriōre Galliam dīvidunt, nive perennī sunt tēctī; quam ob causam
neque frūmentum neque pābulum in hīs regiōnibus invenīrī potest.
Herculēs igitur antequam ascendere coepit, magnam cōpiam
frūmentī et pābulī comparāvit et hōc commeātū bovēs onerāvit.
Postquam in hīs rēbus trēs diēs cōnsūmpserat, quartō diē profectus 10
est, et contrā omnium opīniōnem bovēs incolumēs in Ītaliam
trādūxit.

42. CACUS STEALS THE OXEN

Brevī tempore ad flūmen Tiberim vēnit. Tum tamen nūlla erat urbs 15
in eō locō, Rōma enim nōndum condita erat. Herculēs itinere
fessus cōnstituit ibi paucōs diēs morārī, ut sē ex labōribus recreāret.
Haud procul ā valle ubi bovēs pāscēbantur spēlunca erat, in quā
Cācus, horribile mōnstrum, tum habitābat. Hic speciem terribilem
praebēbat, nōn modo quod ingentī magnitūdine corporis erat, sed 20
quod ignem ex ōre exspīrābat. Cācus autem dē adventū Herculis
fāmam accēperat; noctū igitur vēnit, et dum Herculēs dormit,
quattuor pulcherrimōrum boüm abripuit. Hōs caudīs in spēluncam
trāxit, nē Herculēs ē vestīgiīs cognōscere posset quō in locō cēlātī
essent.   25

abripiō, -ere, -ripuī, -reptum: snatch away 2
adventus, -ūs m.: arrival, approach, 3
agō, agere, ēgī, āctum: drive, lead, spend, 13
Alpēs, -ium f.: Alps
antequam: before, 9
ascendō, -ere, -ī, -ēnsum: ascend, mount, 3
Cācus, -ī m.: Cacus, 4
cauda, -ae f.: tail, 2
celer, -eris, -ere: swift, quick, 12
cēlō (1): hide, conceal, 5
citerior, -ium: on this side, on the near side
commeātus, -ūs m.: supplies, provisions
comparō (1): prepare, collect, 4
condō, -ere, -didī, -ditum: found; hide, 2
cōnsūmō, -ere, -mpsī, -mptum: take, spend 9
contrā: *against* (+ acc.), 7
cōpia, -ae f.: abundance, supply; troops, 10
difficultās, -tātis f.: difficulty, 7
dīvidō, -ere, -vīsī, -vīsum: divide, separate, 3
dormiō, -īre, -īvī: sleep, 8
exspīrō (1): breathe out
fāma, -ae f.: fame, reputation, report, rumor 7
fessus, -a, -um: wearied, exhausted, 2
frūmentum, -ī n.: grain, 4
Gallia, -ae f.: Gaul
haud: by no means, not at all, 4
horribilis, -e: horrible, dreadful, 11
ignis, ignis, m.: fire, 9
incolumis, -e: inscathed, uninjured, safe, 7
inveniō, -īre, -vēnī, -ventum: find, discover 8
Ītalia, -ae f.: Italy, 2
Ligurēs, -um m.: Ligurians, 3

magnitūdō, -tūdinis f.: size, greatness, 13
mōns, montis m.: mountain, mount, 5
moror, -ārī, -ātus sum: delay, linger, 3
necesse: necessary, 2
nix, nivis f.: snow
noctū: at night, by night, 2
nōndum: not yet, 4
ob: on account of (*acc.*), 13
onerō (1): load, burden, 2
opīniō, -iōnis f.: opinion, reputation, 6
ōs, ōris n.: face, mouth 3
pābulum, -ī n.: food, fodder, pasture, 2
pāscor, -ī, pāstus sum: feed
perennis, -e: perennial, perpetual
praebeō, -ēre, -uī, -itum: present, give, 7
procul: from afar, from a distance, 5
pulcher, -chra, -chrum: beautiful, pretty, 2
quartus, -a, -um: one-fourth, 3
quattuor: four
recreō (1): make anew, renew
Rōma, -ae f.: Rome
superō (1): overcome, defeat, 3
tego, -ere, tēxī, tēctum: cover, 1
terribilis, -e: terrible, dreadful, 5
Tiberis, is m.: Tiber
trādūcō, -ere, -xī, -ctum: lead or bring over, 1
trahō, -ere, trāxī, tractum: draw, drag, 6
trānseō, -īre, -iī (īvī), -itum: pass (by), 10
trēs, tria: three, 9
ulterior, -ius: farther, 3
vallis, -is f.: valley, vale, 2
vestīgium, -iī n.: track, foot-print, 4

---

2 **hōc modō**: *in...*; abl. manner
  quam celerrimē: quam + superlative: 'as X as possible,' here with a superlative adverb
4 **Necesse erat**: *it was necessary*
  hās: i.e. the Alps, Alpēs is fem. pl.
  ageret: purpose clause, impf. subj. agō
5 **summae difficultātis**: *of...*; gen. of description as predicate of erat
  ulteriōrem...Galliam: *farther-side Gaul from nearer-side (Gaul)*; the Alps divided nearer-side Gaul (northern Italy) from farther-side Gaul (France)
6 **nive perennī**: abl. sg. of nix, nivis
  sunt tēctī: tectī sunt, pf. pass. tegō
  quam ob causam: *for which reason*
7 **neque...neque**: *neither...nor*
  invenīrī: pass. inf. inveniō
10 **quartō diē**: *on...*; abl. time when

11 **omnium**: gen. pl. i-stem adj.
  opīniōnem: *expectation*; obj. of contrā
15 **Brevī tempore**: abl. time when; 3rd decl. i-stem adj.
16 **condita erat**: *had been established*
  itinere: abl. of means, iter
17 **paucōs diēs**: *for...*; acc. duration of time
  morārī: *linger*; dep. inf.
  ut...recreāret: *so that...might*; purpose
20 **nōn modo...sed**: *not only...but*
  ingentī magnitūdine: *of...*; abl. of quality
23 **boūm**: *of the cattle*; partitive gen.
  nē...posset: neg. purpose clause, impf. subj. possum
25 **quō in locō...cēlātī essent**: in quō locō; plpf. subj. in ind. question

43. HERCULES DISCOVERS THE THEFT   1

Posterō diē simul atque ē somnō excitātus est, Herculēs furtum
animadvertit et bovēs āmissōs omnibus locīs quaerēbat. Hōs tamen
nūsquam reperīre poterat, nōn modo quod locī nātūram ignorābat,
sed quod vestīgiīs falsīs dēceptus est. Tandem cum magnam   5
partem diēī frūstrā cōnsūmpsisset, cum reliquīs bōbus prōgredī
cōnstituit. At dum proficīscī parat, ūnus ē bōbus quōs sēcum habuit
mūgīre coepit. Subitō eī quī in spēluncā inclusī erant mugītum
reddidērunt, et hōc modō Herculem certiōrem fēcerunt quō in locō
cēlātī essent. Ille vehementer īrātus ad spēluncam quam celerrimē   10
sē contulit, ut praedam reciperet. At Cācus saxum ingēns ita
dēiēcerat ut aditus spēluncae omnīnō obstruerētur.

44. HERCULES AND CACUS

Herculēs cum nūllum alium introitum reperīre posset, hoc saxum   15
āmōvēre cōnātus est, sed propter eius magnitūdinem rēs erat
difficillima. Diū frūstrā labōrābat neque quicquam efficere poterat;
tandem tamen magnō cōnātū saxum āmōvit et spēluncam patefēcit.
Ibi āmissōs bovēs magnō cum gaudiō cōnspexit; sed Cācum ipsum
vix cernere potuit, quod spēlunca replēta erat fūmō quem ille mōre   20
suō ēvomēbat. Herculēs inūsitātā speciē turbātus breve tempus
haesitābat; mox tamen in spēluncam irrūpit et collum mōnstrī
 bracchiīs complexus est. Ille etsī multum repugnāvit, nūllō modō
sē līberāre potuit, et cum nūlla facultās respīrandī darētur, mox
exanimātus est.   25

aditus, -ūs m.: approach, access, entrance, 2
alius, -a, -ud: other, another, else, 9
āmittō, -ere, -mīsī, -missum: lose, let go, 8
āmoveō, -ēre, -mōvī, -mōtum: move away, 5
animadvertō, -ere: turn mind to, notice, 6
bracchium, -ī n.: arm, 2
Cācus, -ī m.: Cacus, 4
celer, -eris, -ere: swift, quick, 12
cēlō (1): hide, conceal, 5
cernō, -ere, crēvī, crētum: discern, decide
certus, -a, -um: fixed, sure, 11
collum, -ī n.; neck, 6
complector, -plectī, -plexus sum: embrace, 3
cōnātus, -ūs m.: attempt, effort, 7
cōnspiciō, -ere, -exī, -ectum: catch sight of, 3
cōnsūmō, -ere, -mpsī, -mptum: take, spend 9
dēcipiō, -ere, -cēpī, -ceptum: catch, deceive
dēiciō, -ere, -iēcī, -iectum: throw/cast down 2
difficilis, -e: hard, difficult, troublesome, 6
diū: a long time, long, 13
efficiō, -ere, -fēcī, -fectum: make, form, 3
etsī: even if, although, though, 13
ēvomō, -ere, -uī, -vomitum: vomit forth
exanimō (1): kill, exhaust, 9
excitō (1): excite, rouse, incite, 8
facultās, -tātis f.: ability, opportunity, 5
fallō, -ere, fefellī, falsum: deceive, 3
frūstrā: in vain, for nothing, 13
fūmus, -ī m.: smoke, 2
furtum, -ī n.: theft
gaudium, -iī n.: gladness, joy, 9
haesitō (1): hesitate; stick, cling
ignārus, -a, -um: ignorant, not knowing, 2

inclūdō, -ere, -ūsī, -ūsum: close in, shut in, 7
irrumpō, -ere, -rūpī, -ruptum: burst in, 2
introitus, -ūs m.: entrance, 6
inūsitātus, -a, -um: unusual
īrātus, -a, -um: angry, 5
labōrō (1): work, toil, labor, strive, 2
līberō (1): set free, release, 6
magnitūdō, -tūdinis f.: size, greatness, 13
mōs, mōris m.: custom, manner, law, 6
mūgiō, -īre, -īvī: moo, bellow, 2
nātūra, -ae. f.: nature, 9
nūsquam: nowhere
obstruō, -ere, -ūxī, -ūctum: block, close off 4
omnīnō: altogether, wholely, entirely, 11
patefaciō, -ere, -fēcī, -factum: lay open, 2
posterus, -a, -um: following, next, 2
praeda, -ae f.: plunder, spoils, 2
propter: on account of, because of, 6
quisquam, quidquam: anyone, anything, 4
recipiō, -ere, -cēpī, -ceptum: accept, take back, 8
reddō, -ere, didī, dditum: give back, render 4
reperiō, -īre, repperī, repertum: find, 9
repleō, -ēre, -plēvī, -plētum: fill again, fill, 4
repugnō (1): fight against, oppose, resist, 2
respīrō (1): breathe back, breathe out, 2
simul: at the same time; at once, together, 10
somnus, -ī m.: sleep, 14
turbō (1): confuse, disturb, 2
vehementer: strongly, violently, ardently, 11
vestīgium, -iī n.: track, foot-print, 4
vix: with difficulty, with effort, scarcely, 5

---

2 **posterō diē**: *on ...;* abl. time when
    simul atque: *as soon as*; "as the same time as"
3 **āmissōs**: *lost*; PPP (pf. pass. pple) āmittō
    locīs: *in...*; abl. place where
4 **nōn modo...sed**: *not only...but*
    quod: *because*
6 **diēī**: *of the day*; partitive gen., 5th decl.
    bōbum: irreg. abl. pl. bōs, bovis
    prōgredī: dep. inf. prōgredior
7 **proficīscī**: dep. inf. proficīscor
    bōbum: irreg. abl. pl. bōs, bovis
8 **eī quī**: *those who...*; nom. pl. demonstrative
9 **hōc modō**: *in...*; abl. of manner
    certiōrem fēcērunt: *made...more certain*; i.e. 'informed,' a double acc., comparative adj. is is an acc. predicate

    quō in locō cēlātī essent: in quō locō; plpf. pass. subj., ind. question
10 **quam celerrimē**: quam + superlative: 'as X as possible,' here a superlative adverb
11 **sē contulit**: *carried himself*; pf conferō
    ut...reciperet: *so that...might*; purpose
12 **ut...obstruerētur**: purpose
    posset: impf. subj. possum (inf. posse)
16 **cōnātus est**: pf. deponent, translate in act.
17 **difficillima**: superlative, stems ending in r and l duplicate instead of -issimus
    quicquam: quidquam, acc. direct obj.
18 **magnō cōnātū**: *with...*; abl. manner
19 **āmissōs**: see line 3
20 **mōre suō**: *by his custom*
23 **multum**: *much*; adverbial acc.
24 **respīrandī**: gen. gerund (-ing)

45. 11th LABOR: GOLDEN APPLES OF THE HESPERIDES   1

Eurystheus postquam bovēs Gēryonis accēpit, labōrem ūndecimum
Herculī imposuit, graviōrem quam quōs suprā nārrāvimus.
Mandāvit enim eī ut aurea pōma ex hortō Hesperidum auferret.
Hesperidēs autem nymphae erant quaedam fōrmā praestantissimā,   5
quae in terrā longinquā habitābant, et quibus aurea quaedam pōma
ā Iūnōne commissa erant. Multī hominēs, aurī cupiditāte inductī,
haec pōma auferre iam anteā cōnātī erant. Rēs tamen difficillima
erat, namque hortus in quō pōma erant mūrō ingentī undique
circumdatus erat; praetereā dracō quīdam cui centum erant capita   10
portam hortī dīligenter custōdiēbat. Opus igitur quod Eurystheus
Herculī imperāverat erat summae difficultātis, nōn modo ob causās
quās memorāvimus, sed etiam quod Herculēs omnīnō ignorābat
quō in locō hortus ille situs esset.

                                                                  15

46. HERCULES ASKS AID OF ATLAS

Herculēs, quamquam quiētem vehementer cupiēbat, tamen
Eurystheō pārēre cōnstituit, et simul ac iussa eius accēpit,
proficīscī mātūrāvit. Ā multīs mercātōribus quaesīverat quō in locō
Hesperidēs habitārent, nihil tamen certum reperīre potuerat. Frūstrā 20
per multās terrās iter fēcit et multa perīcula subiit; tandem, cum in
hīs itineribus tōtum annum cōnsūmpsisset, ad extrēmam partem
orbis terrārum, quae proxima est Ōceanō, pervēnit. Hīc stābat vir
quīdam, nōmine Ātlās, ingentī magnitūdine corporis, quī caelum
(ita trāditum est) umerīs suīs sustinēbat, nē in terram dēcideret. 25

ac: and, and also, 14
anteā: before, earlier, formerly, previously, 7
Ātlās, -antis m.: Atlas, 8
auferō, -ferre, abstulī, -lātum: carry away 11
aureus, -a, -um: golden, 13
aurum, -ī n.: gold, 3
caelum, -ī n.: sky, 4
centum: hundred, 3
certus, -a, -um: fixed, sure, 11
circumdō, -are, -dedī, -datum: surround
committō, -mittere, -mīsī: commit, entrust, 6
cōnor, cōnārī, cōnātus sum: try, attempt, 7
cōnsūmō, -ere, -mpsī, -mptum: take, spend 9
cupiditās, -tātis f.: desire, passion, 5
cupiō, -ere, -īvī, -ītum: desire, long for, 4
custōdiō, -īre, -īvī, -ītum: guard, 4
dēcidō, -ere, -cidī: fall down
difficilis, -e: hard, difficult, troublesome, 6
difficultās, -tātis f.: difficulty, 7
diligenter: carefully, diligently, 3
dracō, -ōnis m.: dragon, serpent, 7
extrēmus, -a, -um: outermost, farthest, last, 2
fōrma, -ae, f.: beauty, shape, form, 3
frūstrā: in vain, for nothing, 13
Gēryōn, -onis m.: Geryon, 4
Hesperidēs, -um f.: Hesperides, 5
hortus, -ī m.: garden, 7
ignōrō (1): not know, be ignorant, 5
imperō (1): order, command, 12
impōnō, -ere, -posuī, -positum: place on, 7
indūcō, -ere, -xī, -ductum: induce, lead in, 2
Iūnō, -ōnis m.: Juno, 3
longinquus, -a, -um: distant, remote, far off
magnitūdō, -tūdinis f.: size, greatness, 13

mandō (1): command; entrust, commit, 2
mātūrō (1): hasten, ripen, 7
memorō (1): recall, mention
mercātor, -ōris m.: trader, merchant, 3
mūrus, -ī m.: wall, rampart, 4
namque: for, 2
nārrō (1): narrate, relate, 7
nihil: nothing, 14
nōmen, nōminis, n.: name, 12
nympha, -ae f.: nymph, 2
ob: on account of (*acc.*), 13
Ōceanus, -ī m.: Oceanus
omnīnō: altogether, wholely, entirely, 11
opus, -eris n.: work, deed, toil, 9
orbis, -is m.: sphere; + terrārum, world
pāreō, -ēre, pāruī: obey, 3
pōmum, -ī n.: fruit, apple, 9
porta, -ae f.: gate, 7
praestō, -stāre, -stitī: stand in front, show, 6
praetereā: besides, moreover, 3
proximus, -a, -um: nearest, next, 5
quamquam: although, 4
quiēs, quiētis f.: rest, repose, sleep, 5
reperiō, -īre, repperī, repertum: find, 9
simul: at the same time; at once, together, 10
situs, -a, -um: situated, place, 2
stō, -āre, stetī, stātum: stand, 8
subeō, -īre, -iī: undergo, go up (to), 5
suprā: above, before, 6
sustineō, -ēre, -uī, -tentum: hold up, endure 7
umerus, -ī m.: shoulder, 3
ūndecimus, -a, -um: eleventh, 2
undique: from everywhere, from all sides, 7
vehementer: strongly, violently, ardently, 11

---

3 **graviōrem**: comparative adj.
quam (labōrēs) quōs: *than (the labors) which*...; supply labōrēs
4 **suprā**: *above*; i.e. in previous discussion
mandāvit: *ordered*; else "entrusted"
eī: dat. ind. object
ut...auferret: *that*...; impf. subj. au-ferō (irreg. inf. ferre), ind. command
5 **fōrmā praestantissimā**: *of*...; abl. of quality as the predicate of erant
praestantissimā: *most outstandiing*
6 **quibum**: *whom*; dat. ind. object
7 **aurī**: *for gold*; object genitive
inductī: *drawn*; PPP indūcō
8 **auferre**: inf. auferō
9 **ingentī**: i-stem 3rd decl. abl. with murō

10 **cui...erant**: *whom there were*; i.e. 'who had,' or 'whose...were,' dat. of possession
12 **summae difficultātis**: *of*...; gen. of description as a predicate of erant
nōn modo...sed etiam: *not only...but also*
14 **quō in locō**: in quō locō
esset: impf. subj., ind. question
18 **pārēre** *to obey*; governs a dat. obj.
simul ac: *as soon as*
23 **orbis terrārum**: *of the world*; 'sphere of lands' a very common phrase for 'earth'
24 **nōmine**: *by name*; abl. of respect
ingentī magnitūdine: *of*...; abl. of quality
25 **ita trāditum est**: *so it has been reported*
nē...dēcideret: neg. purpose clause

Herculēs tantās vīrēs magnopere mirātus statim in colloquium cum   1
Ātlante vēnit, et cum causam itineris docuisset, auxilium ab eō
petiit.

47. HERCULES BEARS UP THE HEAVENS   5

Ātlās autem Herculī maximē prōdesse potuit; ille enim cum ipse
esset pater Hesperidum, certō scīvit quō in locō esset hortus.
Postquam igitur audīvit quam ob causam Herculēs vēnisset, "Ipse,"
inquit, "ad hortum ībō et fīliābus meīs persuādēbō ut pōma suā
sponte trādant." Herculēs cum haec audīret, magnopere gāvīsus est;   10
vim enim adhibēre nōluit, sī rēs aliter fierī posset. Cōnstituit igitur
oblātum auxilium accipere. Ātlās tamen postulāvit ut, dum ipse
abesset, Herculēs caelum umerīs sustinēret. Hoc autem negōtium
Herculēs libenter suscēpit, et quamquam rēs erat summī lābōris,
totum pondus caelī continuōs complūrēs diēs sōlus sustinēbat.   15

48. THE RETURN OF ATLAS

Ātlās intereā abierat et ad hortum Hesperidum, quī pauca mīlia
passuum aberat, sē quam celerrimē contulerat. Eō cum vēnisset,
causam veniendī exposuit et fīliās suās vehementer hortātus est ut   20
pōma trāderent. Illae diū haerēbant; nōlēbant enim hoc facere,
quod ab ipsā Iūnōne (ita ut ante dictum est) hoc mūnus accēpissent.
Ātlās tamen aliquandō eīs persuāsit ut sibi pārērent, et pōma ad
Herculem rettulit. Herculēs intereā cum plūrēs diēs exspectāvisset
neque ūllam fāmam dē reditū Ātlantis accēpisset, hāc morā graviter   25

abeō, -īre, -iī, -itum: go away, depart, 6
absum, -esse, āfuī: be away, be absent, 7
adhibeō, -ēre, -uī, -itum: apply, hold to, 4
aliquandō: sometimes, at some time
aliter: otherwise, in another way, 3
ante: before, in front of (acc.); adv. before, 5
Ātlās, -antis m.: Atlas, 8
caelum, -ī n.: sky, 4
celer, -eris, -ere: swift, quick, 12
certus, -a, -um: fixed, sure, 11
complūrēs, -plūra: several, many
colloquium, -iī n.: conversation
continuus, -a, -um: continuous, successive, 2
diū: a long time, long, 13
doceō, -ēre, -uī, -ctum: teach, tell, 9
eō, īre, iī (īvī), itūrum: go, 3
expōnō, -ere, -suī, -situm: set out, explain 7
fāma, -ae f.: fame, reputation, report, rumor 7
fīō, fierī, factus sum: become, be made, 9
gaudeō, -ēre, gāvīsus sum: enjoy, rejoice, 4
haereō, -ēre, haesī, haesūrum: stick, cling, 2
Hesperidēs, -um f.: Hesperides, 5
hortus, -ī m.: garden, 7
hortor, -ārī, -ātus sum: encourage, urge, 4
inquam, inquis, inquit: say, 6
intereā: meanwhile, 7
Iūnō, -ōnis m.: Juno, 3
libenter: gladly, willingly, 12
maximē: especially, very greatly, 5

meus, -a, -um: my, mine, 2
mīlle (pl. mīlia): thousand, 7
mīror, -ārī, -ātus sum: be amazed at, 7
mora, -ae f.: delay, hesitation, hindrance, 14
mūnus, mūneris n.: service, gift, duty
negōtium, iī n.: task, business, occupation, 13
nōlō, nōlle, nōluī: not…wish, be unwilling 12
ob: on account of (acc.), 13
offerō, -ferre, obtulī, -lātum: offer, present 5
pāreō, -ēre, pāruī: obey, 3
passus, -ūs: pace, 7
pater, patris, m.: father, 12
persuādeō, -ēre, -suāsī, -suāsum: persuade, 9
petō, petere, petīvī, petītum: seek, aim at, 10
plūs, plūris: more, many
pōmum, -ī n.: fruit, apple, 9
pondus, ponderis n.: weight, 2
postulō (1): demand, claim, request, ask, 11
prōsum, prōdesse, prōfuī: profit, benefit, 6
quamquam: although, 4
reditus, -ūs m.: return, 5
sciō, -īre, -īvī (iī), -ītum: know, understand, 9
sōlus, -a, -um: alone, only, lone, sole, 6
sponte: of one's own will, voluntarily, 2
suscipiō, -ere, -cēpī, -ceptum: undertake, 14
sustineō, -ēre, -uī, -tentum: hold up, endure 7
ūllus, -a, -um: any, 3
umerus, -ī m.: shoulder, 3
vehementer: strongly, violently, ardently, 11

---

1 vīrēs: acc. pl. vīs
  mirātum: having marveled at; dep. PPP
2 docuisset: plpf. subj. cum-clause
6 prōdesse: inf. prōsum, governs a dat. obj.
  cum…esset: since…; causal in sense, impf.
  subj.
7 certō: for sure, in fact; adverb
  quō in locō: in quō locō
  esset: impf. subj. sum, ind. question
8 quam ob causam: for what reason
  vēnisset: plpf. subj., ind. question
9 ībō: 1s fut. eō, īre
  fīliābum: irreg. dat. pl. obj. ind. obj.
  ut…trādant: ind. command governed by
  persuadēbō; pres. subj trādō
  suā sponte: by their own will
10 gāvīsus est: rejoiced; pf. dep.; gaudeō is
  semi-deponent (deponent in pf. tenses)
11 vim: acc. sg. vīs
  fierī: be done; inf. fīō which can be
  employed as the passive of faciō

12 oblātum: offered; PPP of-ferō
  ut…sustinēret: ind. command
13 abesset: impf. subj. ab-sum
14 summī labōris: of…; gen. of desciption
15 continuōs…diēs: for…; acc. of duration
18 abierat: impf. ab-eō
  mīlia passum: miles; 'thousands of
  paces;' acc. of extent of space
19 sē contulerat: had carried himself; i.e.
  'had gone'
  quam celerrimē: quam + superlative
  often is translated "as X as possible,"
  Eō: there; ibi is 'there;' inde (ibi +
  de) is 'from there;' and eō 'to there'
20 veniendī: gen. sg. gerund (-ing)
  ut: that..; ind. command after dep. hortor
22 quod…accēpissent: because…had
  received; plpf. subj. of alleged cause
  ita ut: thus as…; ut + indicative is 'as'
24 rettulit: pf. re-ferō
  plūrēs diēs: for…; acc. duration of time

commōtus est. Tandem quīntō diē Ātlantem vīdit redeuntem, et   1
mox magnō cum gaudiō pōma accēpit; tum, postquam grātiās prō
tantō beneficiō ēgit, ad Graeciam proficīscī mātūrāvit.

49. 12th LABOR: CERBERUS THE THREE-HEADED DOG   5

Postquam aurea pōma ad Eurystheum relāta sunt, ūnus modo
relinquēbātur   ē   duodecim   labōribus   quōs   Pythia   Herculī
praecēperat. Eurystheus autem cum Herculem magnopere timēret,
eum in aliquem locum mittere volēbat unde numquam redīre
posset. Negōtium igitur eī dedit ut canem Cerberum ex Orcō in   10
lūcem traheret. Hoc opus omnium difficillimum erat, nēmō enim
umquam ex Orcō redierat. Praetereā Cerberus iste mōnstrum erat
horribilī speciē, cui tria erant capita serpentibus saevīs cīncta.
Antequam tamen dē hōc labōre nārrāmus, nōn aliēnum vidētur,
quoniam dē Orcō mentiōnem fēcimus, pauca dē eā regiōne   15
prōpōnere.

50. CHARON'S FERRY

Dē Orcō, quī īdem Hādēs appellābātur, haec trāduntur. Ut quisque
dē vītā dēcesserat, mānēs eius ad Orcum, sēdem mortuōrum, ā deō   20
Mercuriō dēdūcēbantur. Huius regiōnis, quae sub terrā fuisse
dīcitur, rēx erat Plūtō, cui uxor erat Prōserpina, Iovis et Cereris
fīlia. Mānēs igitur ā Mercuriō dēductī prīmum ad rīpam veniēbant
Stygis flūminis, quō rēgnum Plūtōnis continētur. Hoc trānsīre
necesse erat antequam in Orcum venīre possent. Cum tamen in hōc   25
flūmine   nūllus   pōns   factus   esset,   mānēs   trānsvehēbantur   ā

agō, agere, ēgī, āctum: drive, lead, spend, 13
aliēnus, -a, -um: of another, foreign
aliquī, -qua, -quod: some, any, definite, 3
antequam: before, 9
appellō (1): call (by name), name, 12
Ātlās, -antis m.: Atlas, 8
aureus, -a, -um: golden, 13
beneficium, -iī n.: benefit, favor; kindness, 8
canis, -is m. f.: dog, 3
Cerberus, -ī m.: Cerberus, 6
Cerēs, Cereris f.: Ceres
cingō, -ere, cīnxī, cīnctum: surround, gird
contineō, -ēre, -nuī: hold or keep together, 4
dēcēdō, -ere, -cessī, -cessum: depart; die, 2
dēdūcō, -ere: lead or bring down, launch, 10
difficilis, -e: hard, difficult, troublesome, 6
duodecim: twelve, 6
gaudium, -iī n.: gladness, joy, 9
Graecia, -ae f.: Greece, 7
grātia, -ae f.: gratitude, favor, thanks, 10
Hādēs, -ae m.: Hades
horribilis, -e: horrible, dreadful, 11
iste, ista, istud: that or those (of yours), 7
Iuppiter, Iovis m.: Jupiter, 8
lūx, lūcis f.: light, 6
mānēs, -ium m.: spirit, shade, 4
mātūrō (1): hasten, ripen, 7
mentiō, -tiōnis f.: mention, 2
Mercurius, -ī m.: Mercury, 8
morior, morī, mortuus sum: die, 4
nārrō (1): narrate, relate, 7
necesse: necessary, 2
negōtium, iī n.: task, business, occupation, 13

nēmō, nūllīus, nēminī, nēminem,
nūllō/nūllā: no one, 6
numquam: never, at no time, 4
opus, -eris n.: work, deed, toil, 9
Orcus, -ī m.: Orcus, underworld, 11
Plūtō, Plūtōnis m.: Pluto, 6
pōmum, -ī n.: fruit, apple, 9
pōns, pontis m.: bridge, 2
praecipiō, -ere, -cēpī, -ceptum: order, take, 6
praetereā: besides, moreover, 3
prō: before, in front of, for, 9
prōpōnō, -ere, -suī, -situm: put or set forth, 4
Proserpina, -ae f.: Proserpina, 2
Pȳthia, -ae f.: Pythia, 4
quīntus, -a, -um: fifth
quisque, quidque: each one, each person, 3
quoniam: since now, seeing that
relinquō, -ere, -līquī, -lictum: leave behind, 9
rīpa, -ae f.: bank, shore, 7
saevus, -a, -um: savage, fierce, 3
sēdēs, sēdis f.: seat; abode, home, 5
serpēns, serpentis f.: serpent, 6
Styx, Stygis f.: Styx, 6
sub: under, 4
timeō, -ēre, -uī: fear, dread, 6
trahō, -ere, trāxī, tractum: draw, drag, 6
trānseō, -īre, -iī (īvī), -itum: pass (by), 10
trānsvehō, -ere, -vexī: carry across, 2
trēs, tria: three, 9
umquam: ever, 5
unde: whence, from which source, 6
uxor, uxōris f.: wife, spouse, 10
vīta, -ae, f.: life, 9

---

1 quīntō diē: on...; abl. time when
  redeuntem: acc. pred. pple. red-eō
2 grātiās...ēgit: gave thanks; common
  idiom, grātiās agō in the pf.
  prō: (in return) for
3 proficiscī: pres. dep. inf.
6 modo: just; or 'only;' an adverb which is
  often confused with the noun modus, -ī
7 Herculī: dat. ind. obj.
  cum: since...; causal in sense + impf. subj.
10 unde...posset: from where...; impf. subj.
  in a rel. clause of characteristic
  negōtium...ut: task, (namely) that...;
  an indirect command in apposition
11 omnium: partitive gen. i-stem adj. with
  the following superlative difficilimum
  redierat: plpf. red-eō

12 iste: that; commonly 'that...of yours,' is
  an alternative for ille that often expresses
  contempt
13 horribilī speciē: of...; abl. quality
  cui...erant: whom there were...; 'who
  had,' dat. of possession
14 vidētur: it seems; 'is seen,' the subject is
  the inf. prōpōnere below; aliēnum is a
  predicate nominative
19 trāduntur: are reported; pres. pass.
  Ut: when...; as often with indicative
20 Huius regiōnis: gen. sg. with rex
22 cui: whose; dat. of possession
24 quō: by which; abl. of means
25 necesse erat: it was necessary; impersonal
  possent: were able; subj. of ideal limit

Charonte quōdam, quī cum parvā scaphā ad rīpam exspectābat.   1
Charōn prō hōc officiō mercēdem postulābat, neque quemquam,
nisi hoc praemium prius dedisset, trānsvehere volēbat. Quam ob
causam mōs erat apud antīquōs nummum in ōre mortuī pōnere eō
cōnsiliō, ut, cum ad Stygem vēnisset, pretium trāiectūs solvere   5
posset. Eī autem quī post mortem in terrā nōn sepultī erant Stygem
trānsīre nōn potuērunt, sed in rīpā per centum annōs errāre coāctī
sunt; tum dēmum Orcum intrāre licēbat.

51. THE REALM OF PLUTO   10

Ut autem mānēs Stygem hōc modō trānsierant, ad alterum
veniēbant flūmen, quod Lēthē appellābātur. Ex hōc flūmine aquam
bibere cōgēbantur; quod cum fēcissent, rēs omnēs in vītā gestās ē
memoriā dēpōnēbant. Dēnique ad sēdem ipsīus Plūtōnis veniēbant,
cuius introitus ā cane Cerberō custōdiēbātur. Ibi Plūtō nigrō vestītū   15
indūtus cum uxōre Prōserpinā in soliō sēdēbat. Stābant etiam nōn
procul ab eō locō tria alia solia, in quibus sēdēbant Mīnōs,
Rhadamanthus, Aeacusque, iūdicēs apud īnferōs. Hī mortuīs iūs
dīcēbant et praemia poenāsque cōnstituēbant. Bonī enim in
Campōs Elysiōs, sēdem beātōrum, veniēbant; improbī autem in   20
Tartarum mittēbantur ac multīs et variīs suppliciīs ibi
excruciābantur.

ac: and, and also, 14
Aeacus, -ī m.: Aeacus
alius, -a, -ud: other, another, else, 9
alter, -era, -erum: other (of two), second, 7
antīquus, -a, -um: ancient, 3
appellō (1): call (by name), name, 12
apud: among, in the presence of (+ acc.), 9
aqua, -ae f.: water, 11
beātus, -a, -um: blessed, happy, 3
bibō, -ere, bibī: drink, 4
bonus, -a, -um: good, kind(ly), useful
campus, -ī m.: plain, field
canis, -is m. f.: dog, 3
centum: hundred, 3
Cerberus, -ī m.: Cerberus, 6
Charōn, -ontis m.: Charon, 5
cōgō, cōgere, -ēgī, -āctum: collect, compel, 5
custōdiō, -īre, -īvī, -ītum: guard, 4
dēmum: at length, finally, 3
dēnique: lastly, finally
dēpōnō, -ere, -suī, -situm: put down/aside, 9
Ēlysius, -a, -um: Elysian
errō (1): wander, 3
excruciō (1): torture
improbus, -a, -um: wicked
induō, -ere, induī, indūtum: put on, 8
īnferī, -ōrum m.: the dead, the shades
intrō (1): go into, enter, 7
introitus, -ūs m.: entrance, 6
iūdex, iūdicis m.: judge
iūs, iūris n.: justice, law, right, 4
Lēthē, -ēs f.: Lethe (river)
licet, -ēre, -uit: is allowed, permitted, 5
mānēs, -ium m.: spirit, shade, 4
memoria, -ae f.: memory, 4
mercēs, mercēdis f.: pay, wages
Mīnōs, Mīnōis m.: Minos
mors, mortis, f.: death, 9
mortuus, -a, -um: dead, 7
mōs, mōris m.: custom, manner, law, 6

niger, nigra, nigrum: black
nisi: if not, unless, 2
nummus, -ī m.: coin; cash
ob: on account of (acc.), 13
officium, -iī, n.: duty, 2
Orcus, -ī m.: Orcus, underworld, 11
ōs, ōris n.: face, mouth 3
parvus, -a, -um: small, 3
Plūtō, Plūtōnis m.: Pluto, 6
poena, poenae, f.: punishment, 3
pōnō, -ere, posuī, positum: place, put, 5
postulō (1): demand, claim, request, ask, 11
praemium, -iī n.: reward, 5
pretium, iī n.: price, charge
prium: before, 3
prō: before, in front of, for, 9
procul: from afar, from a distance, 5
Proserpina, -ae f.: Proserpina, 2
que: and, 14
quisquam, quidquam: anyone, anything, 4
Rhadamanthus, -ī m.: Rhadamanthus
rīpa, -ae f.: bank, shore, 7
scapha, -ae f.: boat, skiff, 4
sedeō, -ēre, sēdī, sessum: sit, 6
sēdēs, sēdis f.: seat; abode, home, 5
sepeliō, -īre, -īvī, sepultum: bury
solium, -ī n.: throne, seat, 2
stō, -āre, stetī, stātum: stand, 8
Styx, Stygis f.: Styx, 6
supplicium, -iī n.; punishment, supplication, 5
Tartarus, -ī m.: Tartarus
trāiectus, -ūs m.: passage (across)
trānseō, -īre, -iī (īvī), -itum: pass (by), 10
trānsvehō, -ere, -vexī: carry across, 2
trēs, tria: three, 9
uxor, uxōris f.: wife, spouse, 10
varius, -a, -um: various, 2
vestītus, -ūs m.: clothing
vīta, -ae, f.: life, 9

1 ad: near, at
2 prō: (in return) for
3 nisi...dedisset: if he had not given;
   protasis in a simple past condition,
   originally pf. ind., made plpf. subj.
   volēbat: was (Charon) willing...
   quam ob causam: for which reason
4 mōs erat: it was the custom...to
5 eō cōnsiliō, ut...: with this purpose
   (namely) that...; purpose clause

   trāiectūs: gen. sg., 4th decl. trāiectus
7 Herculī: dat. ind. obj.
8 licēbat: it would be allowed; iterative
   or customary impf.
11 Ut: When...; ut + indicative, transeō
13 rēs...gestās: all matters carried out...
15 cuium: of which; gen. quī, quae, quod
16 stābant: subj. is neuter pl. tria sōlia
18 iūs dīcēbant: dispensed justice
20 Campōs Elysiōs: Elysian Fields

52. HERCULES CROSSES THE STYX   1

Herculēs postquam imperia Eurystheī accēpit, in Lacōniam ad
Taenarum statim sē contulit; ibi enim spēlunca erat ingentī
magnitūdine, per quam, ut trādēbātur, hominēs ad Orcum
dēscendēbant. Eō cum vēnisset, ex incolīs quaesīvit quō in locō   5
spēlunca illa sita esset; quod cum cognōvisset, sine morā
dēscendere cōnstituit. Nec tamen sōlus hoc iter faciēbat, Mercurius
enim et Minerva sē eī sociōs adiūnxerant. Ubi ad rīpam Stygis
vēnit, Herculēs scapham Charontis cōnscendit, ut ad ulteriōrem
rīpam trānsīret. Cum tamen Herculēs vir esset ingentī magnitūdine 10
corporis, Charōn solvere nōlēbat; magnopere enim verēbātur nē
scapha sua tantō pondere onerāta in mediō flūmine mergerētur.
Tandem tamen, minīs Herculis territus, Charōn scapham solvit, et
eum incolumem ad ulteriōrem rīpam perdūxit.

                                                                   15

53. THE LAST LABOR IS ACCOMPLISHED

Postquam flūmen Stygem hōc modō trānsiit, Herculēs in sēdem
ipsīus Plūtōnis vēnit; et postquam causam veniendī docuit, ab eō
petīvit ut Cerberum auferre sibi licēret. Plūtō, quī dē Hercule
fāmam accēperat, eum benignē excēpit, et facultātem quam ille   20
petēbat libenter dedit. Postulāvit tamen ut Herculēs ipse, cum
imperāta Eurystheī fēcisset, Cerberum in Orcum rūrsus redūceret.
Herculēs hoc pollicitus est, et Cerberum, quem nōn sine magnō
perīculō manibus prehenderat, summō cum labōre ex Orcō in

adiungō, -ere, -iūnxī, -iūnctum: join to, 2
auferō, -ferre, abstulī, -lātum: carry away 11
benignus, -a, -um: kind, 4
Cerberus, -ī m.: Cerberus, 6
Charōn, -ontis m.: Charon, 5
cōnscendō, -ere, -ndī, -nsum: climb aboard, 6
dēscendō, -ere, -ndī, -scēnsum: descend, 4
doceō, -ēre, -uī, -ctum: teach, tell, 9
excipiō, ere, cēpī, ceptum: take out, receive 9
facultās, -tātis f.: ability, opportunity, 5
fāma, -ae f.: fame, reputation, report, rumor 7
imperium, -iī n.: power to command, rule, 2
imperō (1): order, command, 12
incola, -ae m.: inhabitant, 7
incolumis, -e: inscathed, uninjured, safe, 7
Lacōnia, -ae f.: Laconia, Sparta
libenter: gladly, willingly, 12
licet, -ēre, -uit: is allowed, permitted, 5
magnitūdō, -tūdinis f.: size, greatness, 13
medius, -a, -um: middle of, 10
Mercurius, -ī m.: Mercury, 8
mergō, mergere, mersī, mersum: sink, 3
minae, -ārum f.: threats
Minerva, -ae f.: Minerva, 4
mora, -ae f.: delay, hesitation, hindrance, 14

nec: and not, nor, 10
nōlō, nōlle, nōluī: not…wish, be unwilling 12
onerō (1): load, burden, 2
Orcus, -ī m.: Orcus, underworld, 11
perdūcō, -ere, -dūxī, -ctum: lead through, 4
petō, petere, petīvī, petītum: seek, aim at, 10
Plūtō, Plūtōnis m.: Pluto, 6
polliceor, -ērī, -citus sum: promise, proffer, 2
pondus, ponderis n.: weight, 2
postulō (1): demand, claim, request, ask, 11
prehendō, -ere, -hendī, -hēnsum: seize, 5
redūcō, -ere, -dūxī, -tum: lead/bring back, 11
rīpa, -ae f.: bank, shore, 7
rūrsus: again, backward, back, 7
scapha, -ae f.: boat, skiff, 4
sēdēs, sēdis f.: seat; abode, home, 5
situs, -a, -um: situated, place, 2
sōlus, -a, -um: alone, only, lone, sole, 6
Styx, Stygis f.: Styx, 6
Taenarus, -ī m.: Taenarus
terreō, -ēre, -uī, territum: terrify, scare, 5
trānseō, -īre, -iī (īvī), -itum: pass (by), 10
ulterior, -ius: farther, 3
vereor, -ērī, -itum: be afraid, fear; revere, 5

---

3 **sē contulit**: *carried themselves*; i.e. "betook himself," pf. conferō
ingentī magnitūdine: *of…*; abl. of quality; 3rd decl. i-stem abl.
4 **ut**: *as…*; ut + indicative
5 **Eō**: *there*; ibi is 'there;' inde is 'from there;' and eō 'to there'
quō in locō: in quō locō
6 **esset**: impf. subj. sum, ind. question
quod cum: *which when…*; relative clause
8 **eī**: *him*; dat. of compound verb
sociōs: *as comrades*; predicative
10 **ut…trānsīret**: *so that…might*; impf. subj. trānseō in a purpose clause

solvere: *set sail*
11 **verēbātur**: impf. dep. vereor
nē…mergerētur: *that…might sink*; clause of fearing, translate positively
17 **hōc modō**: *in this way*; abl. manner
trānsiit: pf. trānseō
18 **veniendī**: gen. sg. gerund (-ing)
19 **petīvit**: *asked that…*; introduces an ind. command
licēret: *it be allowed*; impersonal impf.
20 **excēpit**: *welcomed*
21 **ut…redūceret**: *that…lead back*; ind. command; impf. subjunctive
22 **pollicitus est**: *promised*; pf. dep.

lūcem et ad urbem Eurysthēī trāxit. Eō cum vēnisset, tantus timor 1
animum Eurysthēī occupāvit ut ex ātriō statim refūgerit; cum
autem paulum sē ex timōre recēpisset, multīs cum lacrimīs
obsecrāvit Herculem ut mōnstrum sine morā in Orcum redūceret.
Sīc contrā omnium opīniōnem duodecim illī labōrēs quōs Pythia 5
praecēperat intrā duodecim annōs confectī sunt; quae cum ita
essent, Herculēs servitūte tandem līberātus magnō cum gaudiō
Thēbās rediit.

54. THE CENTAUR NESSUS 10

Posteā Herculēs multa alia praeclāra perfēcit, quae nunc
perscrībere longum est. Tandem iam aetāte prōvectus Dēianīram,
Oenēī fīliam, in mātrimōnium dūxit; post tamen trēs annōs accidit
ut puerum quendam, cui nōmen erat Eunomus, cāsū occīderit. Cum
autem mōs esset, ut sī quis hominem cāsū occīdisset, in exsilium 15
īret, Herculēs cum uxōre suā ē fīnibus eius cīvitātis exīre mātūrāvit.
Dum tamen iter faciunt, ad flūmen quoddam pervēnērunt in quō
nūllus pōns erat; et dum quaerunt quōnam modō flūmen trānseant,
accurrit centaurus Nessus, quī viātōribus auxilium obtulit. Herculēs
igitur uxōrem suam in tergum Nessī imposuit; tum ipse flūmen 20
trānāvit. Nessus autem paulum in aquam prōgressus ad rīpam
subitō revertēbātur et Dēianīram auferre cōnābātur. Quod cum
animadvertisset Herculēs, īrā graviter commōtus arcum intendit et
pectus Nessī sagittā trānsfīxit.

accidō, -ere, accidī: happen, fall (on)to, 8
accurrō, -ere, -cucurrī, -cursum: run to, 2
aetās, aetātis f.: age, lifetime, time, 4
alius, -a, -ud: other, another, else, 9
animadvertō, -ere: turn mind to, notice, 6
aqua, -ae f.: water, 11
arcus, -ūs m.; bow, 4
atrium, atriī n.: atrium, 3
auferō, -ferre, abstulī, -lātum: carry away 11
cāsus, -ūs m.: misfortune, accident, event, 8
centaurus, -ī m.: centaur, 12
cīvitās. cīvitātis f.: citizenship, state
cōnor, cōnārī, cōnātus sum: try, attempt, 7
contrā: against (+ acc.), 7
Dēianīra, -ae f.: Deianira, 5
dūcō, -ere, dūxī, ductum: lead, draw, bring, 5
duodecim: twelve, 6
eō, īre, iī (īvī), itūrum: go, 3
Eunomus, -ī m.: Eunomus
exeō, -īre, -iī, -itum: go out, 5
exsilium, -iī n.: exile, 2
fīnis, -is m./f.: end, limit, border, boundary, 12
gaudium, -iī n.: gladness, joy, 9
impōnō, -ere, -posuī, -positum: place on, 7
intendō, -ere, -ndī, -ntum: stretch out, aim, 4
intrā: within, among (+ acc.), 4
īra, īrae f.: anger, 12
lacrima, -ae f.: tear, 10
līberō (1): set free, release, 6
longus, -a, -um: long, 4
lūx, lūcis f.: light, 6
mātrimōnium, -iī n.: marriage, 6
mātūrō (1): hasten, ripen, 7
mora, -ae f.: delay, hesitation, hindrance, 14
mōs, mōris m.: custom, manner, law, 6
Nessus, -ī m.: Nessus, 7
nōmen, nōminis, n.: name, 12

nunc: now, at present, 4
obsecrō (1): beseech, implore, entreat, 5
occīdō, -ere, -cīdī, -cīsum: kill, cut down, 14
occupō (1): occupy, seize, 8
Oeneus, -ī m.: Oeneus
offerō, -ferre, obtulī, -lātum: offer, present 5
opīniō, -iōnis f.: opinion, reputation, 6
Orcus, -ī m.: Orcus, underworld, 11
pectus, pectoris n.: breast, chest, heart, 3
perficiō, -ere, -fēcī, -fectum: accomplish, 3
perscrībō, -ere, -psī, -scriptum: write fully, 3
pōns, pontis m.: bridge, 2
posteā: after this, afterwards, 7
praecipiō, -ere, -cēpī, -ceptum: order, take, 6
praeclārus, -a, -um: bright, very famous, 2
prōvehō, -ere, -vexī, -vectum: carry forth, 3
Pȳthia, -ae f.: Pythia, 4
quisnam, quaenam, quidnam: who, what
recipiō, -ere, -cēpī, -ceptum: accept, take
back, 8
redūcō, -ere, -dūxī, -tum: lead/bring back, 11
refugiō, -ere, -fūgī: flee back, 5
revertō, -ere, reversī: turn back, return, 2
rīpa, -ae f.: bank, shore, 7
sagitta, -ae f.: arrow, 10
serviō, -īre, -īvī, -ītum: be slave to, serve
sīc: thus, in this way, 2
tergum, -ī n.: back, 8
Thēbae, -ārum f.: Thebes, 4
trahō, -ere, trāxī, tractum: draw, drag, 6
trānō (1): swim across,1
trānseō, -īre, -iī (īvī), -itum: pass (by), 10
trānsfīgō, -fīgere, -fīxī, -fīxum: pierce, 4
trēs, tria: three, 9
uxor, uxōris f.: wife, spouse, 10
viātor, -tōris m.: traveler

---

1 Eō: there
2 ut…refūgerit: that…; result; unusual with pf. subj., translate in the perfect tense
3 paulum: a little; adverbial acc.
   sē recēpisset: had retreated; idiom
4 ut…redūceret: ind. command
6 praecēperat: had instructed
   quae cum…essent: Since these things were so; i.e. 'as a result,' common in Cicero
7 servitūte: from…; abl. of separation
8 Thēbās: Thebes; place to which, 'ad' is not included for towns and cities
   rediit: pf. red-eō

11 praeclāra: famous (things); neuter pl.
12 aetāte prōvectum: having advanced in age; abl. of respect; PPP prōvehor
   trēs annōs: for…; acc. of duration of time
13 accidit ut: it happened that; noun result clause with pf. subjunctive
14 cui: whom was; 'who had,' or 'whose… was,' dat. of possession
15 sī quis: if anyone had killed, he would go
18 quōnam…trānseant: in what way…; abl. manner; ind. question, pres. subj. trāns-eō
22 Quod: this; 'which,' English prefers a demonstrative in transitions

55. THE POISONED ROBE   1

Nessus igitur sagittā Herculis trānsfīxus moriēns humī iacēbat; at
nē occāsiōnem suī ulcīscendī dīmitteret, ita locūtus est: "Tū,
Dēianīra, verba morientis audī. Sī amōrem marītī tuī cōnservāre
vīs, hunc sanguinem, quī nunc ē pectore meō effunditur, sūme ac   5
repōne; tum, sī umquam in suspiciōnem tibi vēnerit, vestem marītī
hōc sanguine īnficiēs." Haec locūtus, Nessus animam efflāvit;
Dēianīra autem nihil malī suspicāta imperāta fēcit. Paulō post
Herculēs bellum contrā Eurytum, rēgem Oechaliae, suscēpit; et
cum rēgem ipsum cum fīliīs interfēcisset, Iolēn eius fīliam   10
captīvam sēcum redūxit. Antequam tamen domum vēnit, nāvem ad
Cēnaeum prōmuntūrium appulit, et in terram ēgressus āram
cōnstituit, ut Iovī sacrificāret. Dum tamen sacrificium parat,
Licham comitem suum domum mīsit, quī vestem albam referret;
mōs enim erat apud antīquōs, dum sacrificia facerent, albam   15
vestem gerere. At Dēianīra verita nē Herculēs amōrem ergā Iolēn
habēret, vestem priusquam Lichae dedit, sanguine Nessī īnfēcit.

56. THE DEATH OF HERCULES

Herculēs nihil malī suspicāns vestem quam Lichās attulerat statim   20
induit; paulō post tamen dolōrem per omnia membra sēnsit, et quae
causa esset eius reī magnopere mīrābātur. Dolōre paene
exanimātus, vestem dētrahere cōnātus est; illa tamen in corpore
haesit, neque ūllō modō abscindī potuit. Tum dēmum Herculēs,
quasi furōre impulsus, in montem Octam sē contulit, et in rogum,   25

abscindō, -ere, -scidī, -scissum: tear off
ac: and, and also, 14
afferō, -ferre, attulī, allātum: carry to bring 5
albus, -a, -um: white, 2
amor, -ōris m.: love, desire, passion, 3
anima, -ae f.: breath, soul, life
antequam: before, 9
antīquus, -a, -um: ancient, 3
appellō, -ere, -pulī, -pulsum: drive (to), 14
apud: among, in the presence of (+ acc.), 9
āra, -ae f.: altar, 2
bellum, -ī, n.: war, 6
captīvus, -a, -um: prisoner, 2
Cēnaeum, -ī n.: Cenaeum (n Euboea)
comes, -itis m./f.: companion, 3
cōnor, cōnārī, cōnātus sum: try, attempt, 7
cōnservō (1): preserve, keep
contrā: against (+ acc.), 7
Dēianīra, -ae f.: Deianira, 5
dēmum: at length, finally, 3
dētrahō, -ere, -āxī, -actum: draw away/off, 2
domus, -ūs f.: house, home, dwelling, 11
efflō (1): breath out
effundō, -ere, -fūdī, -fūsum: pour out
ergā: toward, for (+ acc.)
Eurytus, -ī m.: Eurytus
exanimō (1): kill, exhaust, 9
furor, -ōris m.: rage, fury, madness, 4
haereō, -ēre, haesī, haesūrum: stick, cling, 2
humī: on the ground, 2
iaceō, -ēre, -uī: lie, lie low, 3
impellō, -ere, pulī, pulsum: drive on, incite, 3
imperō (1): order, command, 12
induō, -ere, induī, indūtum: put on, 8
īnficiō, -ere, -fēcī, -fectum: stain, dye, 4
Iolē, -ēs f.: Iole, 2
Iuppiter, Iovis m.: Jupiter, 8
Lichās, -ae m.: Lichas, 3
loquor, loquī, locūtus sum: speak, address, 9

malus, -a, -um: bad, 3
marītus, -ī m.: husband, 3
membrum, -ī n.: limb, member, 10
meus, -a, -um: my, mine, 2
mīror, -ārī, -ātus sum: be amazed at, 7
mōns, montis m.: mountain, mount, 5
morior, morī, mortuus sum: die, 4
mōs, mōris m.: custom, manner, law, 6
Nessus, -ī m.: Nessus, 7
nihil: nothing, 14
numquam: never, at no time, 4
nunc: now, at present, 4
occāsiō, -iōnis f.: chance, opportunity, 6
Octa, ae f.: Octa (mountain)
Oechalia, -ae f.: Oechalia
paene: almost, nearly, 8
pectus, pectoris n.: breast, chest, heart, 3
priusquam: before than, sooner than, 2
prōmunturium, -iī n.: promontory
quasi: as if, 4
redūcō, -ere, -dūxī, -tum: lead/bring back, 11
repōnō, -ere, -posuī, -positum: put back, 2
rogus, -ī m.: pyre, 2
sacrificium, -iī n.: sacrifice, 5
sacrificō (1): sacrifice
sagitta, -ae f.: arrow, 10
sanguis, sanguinis m.: blood, 6
sūmō, -ere, sūmpsī, sūmptum: take, 3
suscipiō, -ere, -cēpī, -ceptum: undertake, 14
suspiciō, -iōnis f.: suspicion, look askance
suspicō, -āre, -āvī, -ātum: suspect, mistrust, 7
trānsfīgō, -fīgere, -fīxī, -fīxum: pierce, 4
tū: you, 10
tuus, -a, -um: your, yours, 3
ulcīscor, ulcīscī, ultus sum: avenge, 2
ūllus, -a, -um: any, 3
verbum, -ī n.: word, speech, 4
vereor, -ērī, -itum: be afraid, fear; revere, 5
vestis, -is f.: clothing, 12

---

2 **moriēns**: *dying*; pres. pple. morior
  humī: *on the ground*; locative
3 **nē...dīmitteret**: *so that...not*; neg. purpose clause
  suī ulcīscendī: *of avenging himself*; use a gerundive-gerund flip: translate the pronoun (gen. sg. of sē) + gerundive as gerund + obj.
4 **audī**: sg. imperative, audiō
5 **vīs**: 2s pres. volō, velle
  sume, repōne: sg. imperatives
6 **vēnerit, īnficiēs**: *if...comes, you will*

infect; a future-more-vivid condition (fut. pf., fut.); in English, the protasis is present but future in sense
8 **nihil malī**: *nothing (of) bad*; partitive
  paulō: *little later*; abl. degree of difference
11 **sēcum**: cum sē
13 **ut...sacrificāret**: *so that...*; purpose
  Iovī: *Jupiter*; dat. of interest
14 **domum**: *home*; place to which
  referret: *would bring*; rel. of purpose
16 **verita nē**: *fearing lest*; fearing clause

quem summā celeritāte exstrūxit, sē imposuit. Hoc cum fēcisset, 1
eōs quī circumstābant ōrāvit ut rogum quam celerrimē
succenderent. Omnēs diū recūsābant; tandem tamen pāstor quīdam,
ad misericordiam inductus, ignem subdidit. Tum, dum omnia fūmō
obscūrantur, Herculēs, dēnsā nūbe vēlātus ā Iove, in Olympum 5
abreptus est.

57. THE WICKED UNCLE

Erant ōlim in Thessaliā duo frātrēs, quōrum alter Aesōn, Peliās
alter appellābātur. Aesōn prīmō rēgnum obtinuerat; at post paucōs 10
annōs Peliās, rēgnī cupiditāte adductus, nōn modo frātrem suum
expulit, sed etiam in animō habēbat Iāsonem, Aesōnis fīlium,
interficere. Quīdam tamen ex amīcīs Aesōnis, ubi sententiam
Peliae cognōvērunt, puerum ē tantō perīculō ēripere cōnstituērunt.
Noctū igitur Iāsonem ex urbe abstulērunt, et cum posterō diē ad 15
rēgem rediissent, eī renūntiāvērunt puerum mortuum esse. Peliās
cum hoc audīvisset, etsī rē vērā magnum gaudium percipiēbat,
speciem tamen dolōris praebuit et quae causa esset mortis
quaesīvit. Illī autem cum bene intellegerent dolōrem eius falsum
esse, nesciō quam fābulam dē morte puerī fīnxērunt.   20

58. A FATEFUL ACCIDENT

Post breve tempus Peliās, veritus nē rēgnum suum tantā vī et
fraude occupātum āmitteret, amīcum quendam Delphōs mīsit, quī
ōrāculum cōnsuleret. Ille igitur quam celerrimē Delphōs sē contulit 25
et quam ob causam vēnisset dēmōnstrāvit. Respondit ōrāculum

abripiō, -ere, -ripuī, -reptum: snatch away 2
addūcō, -ere, -dūxī, -ctum: lead to, bring, 8
Aesōn, -ōnis m.: Aeson, father of Jason, 4
alter, -era, -erum: other (of two), second, 7
amīcus, -ī m.: friend, 6
āmittō, -ere, -mīsī, -missum: lose, let go, 8
appellō (1): call (by name), name, 12
auferō, -ferre, abstulī, -lātum: carry away 11
bene: well, 5
celeritās, -tātis f.: speed, quickness, 7
circumstō, -āre, -stetī: stand around
cōnsulō, -ere, -luī, -ltum: consult, 3
cupiditās, -tātis f.: desire, passion, 5
Delphī, -ōrum m.: Delphi, oracle of Apollo, 2
dēmōnstrō (1): show, demonstrate, 13
dēnsus, -a, -um: thick, 2
diū: a long time, long, 13
duo, duae, duo: two, 10
ēripiō, -ere, -uī, -reptum: tear from, rescue, 2
etsī: even if, although, though, 13
expellō, -ere, -pulī, -pulsum: drive out, 3
exstruō, -ere, -uxī, -ūctum: build, heap up
fābula, -ae f.: story
fallō, -ere, fefellī, falsum: deceive, 3
fīlius, -iī m.: son, 10
fingō, -ere, fīnxī, fictum: make up, imagine
frāter, -tris m.: brother, 5
fraus, fraudis f.: fraud, deception, 2
fūmus, -ī m.: smoke, 2
gaudium, -iī n.: gladness, joy, 9
ignis, ignis, m.: fire, 9
impōnō, -ere, -posuī, -positum: place on, 7

indūcō, -ere, -xī, -ductum: induce, lead in, 2
Iuppiter, Iovis m.: Jupiter, 8
misericordia, -ae f.: pity, compassion
morior, morī, mortuus sum: die, 4
mors, mortis, f.: death, 9
nesciō, -īre, -scīvī, -scītum: not know, 4
noctū: at night, by night, 2
nūbēs, -is f.: cloud
ob: on account of (acc.), 13
obscūrō (1): hide, conceal
obtineō, -ēre, -uī, -tentum: hold, maintain, 9
occupō (1): occupy, seize, 8
ōlim: once, formerly, 10
Olympus, -ī m.: Olympus
ōrāculum, -ī n.: oracle, 11
ōrō (1): pray (for), entreat, beseech, 5
pāstor, pāstoris m.: shepherd, 2
Peliās, -ae f.: Pelias, 14
percipiō, -ere, -cēpī, -ceptum: feel perceive 5
posterus, -a, -um: following, next, 2
praebeō, -ēre, -uī, -itum: present, give, 7
recūsō (1): refuse, give a reason against
renūntiō (1): report, announce, 2
respondeō, -ēre, -dī, -ōnsum: answer, 13
rogus, -ī m.: pyre, 2
sententia, -ae f.: thought, feeling, opinion, 2
subdō, -ere, -didī, -ditum: put under, apply
succendō, -ere, -cendī, -cēnsum: kindle
Thessalia, -ae f.: Thessaly, 4
vēlō (1): veil, cover
vereor, -ērī, -itum: be afraid, fear; revere, 5
vērus, -a, -um: true, real, 2

---

1 summā celeritāte: with...; abl. manner
2 eōs quī: those who; demonstrative
   ut..succenderent: that..; ind. command
   quam celerrimē: as fast as possible
9 Erant: there were
   alter...alter: one...the other; apply the
   verb appellābātur to both nom. subjects
10 prīmō: first; adverb
11 regnī: for the kingdom; objective gen.
   adductum: attracted; "drawn" PPP
   nōn modo...etiam: not only...but also
12 in animō habēbat: had in mind; common
   way in Latin to express 'I intended'
14 ēripere: commonly means 'to rescue'
15 abstulērunt: pf. au-ferō (ā/ab + ferō)
   cum...rediissent: when...; plpf. subj.
   redeō as often translate in the correct tense
   posterō diē: on...; abl. of time when

16 eī: nom. pl. or dat. sg. for is, ea, id
   puerum...esse: that...; ind. discourse,
   translate pres. inf. of sum as imperfect
17 cum...audīvisset: plpf. subj. audiō,
   translate as you would plpf. indicative
   rē vērā: in true fact; abl. of respect
18 quae causa esset mortis: what was...;
   indirect question with impf. subj. sum
19 dolōrem...esse: that...; see 16 above
20 nesciō quam: some; "I-do-not-know-
   what," indefinite modifying fābulam
23 veritus nē: having feared that...would;
   PPP, fearing clause (nē + impf. subj.)
   vī: with force; irreg. abl. of means, vīs
24 Delphōs: Delphi; place to which
25 cōnsuleret: would consult; purpose
26 quam ob causam: for what reason
   vēnisset: plpf. subj., ind. question

nūllum esse in praesentiā perīculum; monuit tamen Peliam ut sī   1
quis ūnum calceum gerēns venīret, eum cavēret. Post paucīs annīs
accidit ut Peliās magnum sacrificium factūrus esset; nūntiōs in
omnēs partēs dīmīserat et certam diem conveniendī dīxerat. Diē
cōnstitūtā magnus hominum numerus undique ex agrīs convēnit; in   5
hīs autem vēnit etiam Iāsōn, quī ā pueritiā apud centaurum
quendam habitāverat. Dum tamen iter facit, ūnum ē calceīs in
trānseundō nesciō quō flūmine āmīsit.

59. THE GOLDEN FLEECE   10

Iāsōn igitur cum calceum āmissum nūllō modō recipere posset, ūnō
pede nūdō in rēgiam pervēnit. Quem cum Peliās vīdisset, subitō
timōre affectus est; intellēxit enim hunc esse hominem quem
ōrāculum dēmōnstrāvisset. Hoc igitur cōnsilium iniit. Rēx erat
quīdam Aeētēs, quī rēgnum Colchidis illō tempore obtinēbat. Huic   15
commissum erat illud vellus aureum quod Phrixus ōlim ibi
relīquerat. Cōnstituit igitur Peliās Iāsonī negōtium dare ut hōc
vellere potīrētur; cum enim rēs esset magnī perīculī, eum in itinere
perītūrum esse spērābat. Iāsonem igitur ad sē arcessīvit, et eum
cohortātus quid fierī vellet docuit. Ille etsī intellegēbat rem esse   20
difficillimam, negōtium libenter suscēpit.

60. THE BUILDING OF THE GOOD SHIP ARGO

Cum tamen Colchis multōrum diērum iter ab eō locō abesset, sōlus
Iāsōn proficīscī nōluit. Dīmīsit igitur nūntiōs in omnēs partēs, quī   25
causam itineris docērent et diem certam conveniendī dīcerent.

absum, -esse, āfuī: be away, be absent, 7
accidō, -ere, accidī: happen, fall (on)to, 8
Aeētēs: Aeetes, king of Cochis, 10
afficiō, -ere, -fēcī, fectum: influence, treat, 13
ager, -grī m.: land, field, territory, 11
āmittō, -ere, -mīsī, -missum: lose, let go, 8
apud: among, in the presence of (+ acc.), 9
arcessō, -ere, -īvī, -itum: summon, invite, 2
aureus, -a, -um: golden, 13
calceus, -ī m.: shoe, 3
caveō, -ēre, cāvī, cautum: be on guard, 1
centaurus, -ī m.: centaur, 12
certus, -a, -um: fixed, sure, 11
cohortor, -hortārī, -hortātum: encourage, 2
Colchis, -idis f.: Colchis, 4
committō, -mittere, -mīsī: commit, entrust, 6
cōnveniō, -īre, vēnī, ventum: come together 8
dēmōnstrō (1): show, demonstrate, 13
difficilis, -e: hard, difficult, troublesome, 6
doceō, -ēre, -uī, -ctum: teach, tell, 9
etsī: even if, although, though, 13
fīō, fierī, factus sum: become, be made, 9
ineō, -īre, -iī, -itum: go into, enter, 4
libenter: gladly, willingly, 12
moneō, -ēre, -uī, monitum: warn
negōtium, iī n.: task, business, occupation, 13

nesciō, -īre, -scīvī, -scītum: not know, 4
nōlō, nōlle, nōluī: not…wish, be unwilling 12
nūdus, -a, -um: naked, bare
numerus, -ī m.: number, multitude, 7
nūntius, -iī m.: messenger, 12
obtineō, -ēre, -uī, -tentum: hold, maintain, 9
ōlim: once, formerly, 10
ōrāculum, -ī n.: oracle, 11
Peliās, -ae f.: Pelias, 14
pereō, perīre, periī, peritūrum: perish
pēs, pedis m.: foot, 8
Phrixus –ī m.: Phrixus
potior, -īrī, potītus sum: get possession of
praesentia, -ae f.: the present
pueritia, -ae, f.: childhood
recipiō, -ere, -cēpī, -ceptum: take back, 8
rēgia, -ae f.: palace, 4
relinquō, -ere, -līquī, -lictum: leave behind, 9
sacrificium, -iī n.: sacrifice, 5
sōlus, -a, -um: alone, only, lone, sole, 6
spērō (1): hope (for), expect, 5
suscipiō, -ere, -cēpī, -ceptum: undertake, 14
trānseō, -īre, -iī (īvī), -itum: pass (by), 10
undique: from everywhere, from all sides, 7
vellus, velleris n.: fleece, 12

---

1 nūllum…perīculum: *that*…; ind. disc.;
   main verb pf. so translate inf. as impf.
   ut…cavēret: *that he beware of*; ind.
   command, impf. subj. in secondary seq.
   sī quis: *if anyone*…; quis is indefinite
   before sī, nisi, num, and nē
2 Post paucīs annīs: *a few years later*;
   'later by a few years,' abl. of degree of
   difference
3 accidit ut: *it happened that*; as often,
   accidit introduces a noun result clause
   factūrus esset: *was going to make*; fut.
   periphrastic (fut. pple + sum), impf. subj.
4 partēs: *directions*
   dīxerat: *had appointed*
   conveniendī: *of convening*; gen. gerund
   Diē cōnstitūtā: *on*…; abl. of time when
5 hominum: partitive genitive
8 trānseundō: *in crossing some river*; Use a
   gerund-gerundive flip: translate as a gerund
   (-ing) with flūmine as direct obj.
   nesciō quō: *some*; 'I-do-not-know-what'
11 cum…posset: *when*…; impf. subj. possum
   nūllō modō: *in no way*; abl. manner

ūnō…nūdō: abl. absolute, add 'being,'
   since there is no pple for sum, the subject
   and pred. form the absolute without a pple
12 quem cum: *whom when*…; the pronoun is
   part of the cum-clause but often precedes
   the conjunction 'cum' in transitions
13 hunc esse: *that*…; acc. subject in ind. disc.
14 dēmōnstrāvisset: plpf. subj. in a
   relative clause of characteristic
15 illō tempore: *at*…; abl. of time when
   Huic: dat. ind. obj. of comissum erat
16 commissum erat: *had been entrusted*
17 nēgōtium ut: *task, (namely) that*…
18 potīrētur: *that he possess*; ind. command,
   impf. subj. deponent potior governs an abl.
   magnī perīculī: *of*…; gen. description
19 peritūrum esse: fut. inf. in ind. disc.
20 cohortātum: *having urged*; deponent PPP
   quid fierī vellet: *what he wanted to be
   done*; ind. question, impf. subj. volō
21 difficillimam: superlative, acc. pred.
24 iter: *a journey of many days*; acc. extent
26 dīcerent: *who would appoint*; relative
   clause of purpose, see line 4

Intereā, postquam omnia quae sunt ūsuī ad armandās nāvēs   1
comportārī iussit, negōtium dedit Argō cuidam, quī summam
scientiam nauticārum rērum habēbat, ut nāvem aedificāret. In hīs
rēbus circiter decem diēs cōnsūmptī sunt; Argus enim, quī operī
praeerat, tantam dīligentiam adhibēbat ut nē nocturnum quidem   5
tempus ad labōrem intermitteret. Ad multitūdinem hominum
trānsportandam nāvis paulō erat lātior quam quibus in nostrō marī
ūtī cōnsuēvimus, et ad vim tempestātum perferendam tōta ē rōbore
facta est.

                                                                10

61. THE ANCHOR IS WEIGHED

Intereā is diēs appetēbat quem Iāsōn per nūntiōs ēdīxerat, et ex
omnibus regiōnibus Graeciae multī, quōs aut reī novitās aut spēs
glōriae movēbat, undique conveniēbant. Trāditum est autem in hōc
numerō fuisse Herculem, de quō suprā multa perscrīpsimus,   15
Orpheum, citharoedum praeclārissimum, Thēseum, Castorem,
multōsque aliōs quōrum nōmina sunt nōtissima. Ex hīs Iāsōn quōs
arbitrātus est ad omnia perīcula subeunda parātissimōs esse, eōs ad
numerum quīnquāgintā dēlēgit et sociōs sibi adiūnxit; tum paucōs
diēs commorātus, ut ad omnēs cāsūs subsidia comparāret, nāvem   20
dēdūxit, et tempestātem ad nāvigandum idōneam nactus magnō
cum plausū omnium solvit.

62. A FATAL MISTAKE

Haud multō post Argonautae (ita enim appellābantur quī in istā   25
nāvī vehēbantur) īnsulam quandam, nōmine Cyzicum, attigērunt; et
ē nāvī ēgressī ā rēge illīus regiōnis hospitiō exceptī sunt. Paucās

adhibeō, -ēre, -uī, -itum: apply, hold to, 4
adiungō, -ere, -iūnxī, -iūnctum: join to, 2
aedificō (1): make a building, build, 2
alius, -a, -ud: other, another, else, 9
appellō (1): call (by name), name, 12
appetō, -ere, -īvī, -petītum: draw near, 3
arbitror, -ārī, -ātus sum: judge, think, 11
Argō, -ūs f.: Argo, 2
Argus, -ī m.: Argus, builder of the Argo
armō (1): arm, equip, 4
attingō, -ere, -tigī, -tāctum: touch at, reach, 3
aut: or (aut...aut – either...or), 2
Castor, -oris m.: Castor
cāsus, -ūs m.: misfortune, accident, event, 8
circiter: about, around
citharoedus, -ī m.: cithara-player
commoror, -ārī, -ātus sum: delay, linger, 3
comparō (1): prepare, collect, 4
comportō (1): carry together, collect
cōnsuēscō, -ere, -ēvī, -suētum: accustom, 3
cōnsūmō, -ere, -mpsī, -mptum: take, spend 9
cōnveniō, -īre, vēnī, ventum: come together 8
Cyzicus, -ī f.: Cyzicus
decem: ten, 4
dēligō, -ere, -lēgī, -lectum: choose, select, 6
dīligentia, -ae f.: diligence, attentiveness, 5
dūcō, -ere, dūxī, ductum: lead, draw, bring, 5
ēdīcō, -ere, -xī, -dictum: declare, proclaim, 4
excipiō, ere, cēpī, ceptum: take out, receive 9
glōria, -ae f.: glory
Graecia, -ae f.: Greece, 7
haud: by no means, not at all, 4
hospitium, ī n.: hospitality, 5
idōneus, -a, -um: suitable, appropriate, 12
intereā: meanwhile, 7
intermittō, -ere: interrupt, break off, 5
iste, ista, istud: that or those (of yours), 7

lātus, -a, -um: wide, broad
moveō, -ēre, mōvī, mōtum: move, arouse, 3
multitūdō, -tūdinis f.: multitude, 2
nancīscor, -ī, nactus sum: attain, meet, 7
nauticus, -a, -um: naval, nautical
nāvigō (1): sail, 5
negōtium, iī n.: task, business, occupation, 13
nocturnus, -a, -um: nocturnal, 2
nōmen, nōminis, n.: name, 12
noster, nostra, nostrum: our
nōtus, -a, -um: known, familiar, 3
novitās, -tātis f.: newness, novelty, 3
numerus, -ī m.: number, multitude, 7
nūntius, -iī m.: messenger, 12
opus, -eris n.: work, deed, toil, 9
Orpheus, -ī m.: Orpheus
perferō, -ferre, -tulī, -lātum: bear, betake, 2
perscrībō, -ere, -psī, -scriptum: write fully, 3
plausus, -ūs m.: applause
praeclārus, -a, -um: bright, very famous, 2
praesum, -esse, -fuī: be before, preside over 2
que: and, 14
quidem: indeed, in fact, assuredly, certainly, 8
quīnquāgintā: fifty
rōbor, rōbōris n.: oak; strength
scientia, -ae f.: knowledge, wisdom, 6
subeō, -īre, -iī: undergo, go up (to), 5
subsidium, -iī n.: support, relief, protection
suprā: above, before, 6
Thēseus, -ī m.: Theseus
tōtus -a, -um: whole, entire, 14
trānsportō (1): carry over or across, 2
undique: from everywhere, from all sides, 7
ūsus, ūsūs m.: use, employment, 3
ūtor, ūtī, ūsus sum: use, employ, enjoy 2
vehō, -ere, vexī, vectum: convey, carry, 5

---

1 **sunt ūsuī**: *are of use*; 'for a use' dat. sg. of purpose, 4th decl. noun ūsus
  ad...nāvēs: *for arming...*; 'for ships to be armed' use a gerundive-gerund flip and translate as gerund + acc. direct object
  ut...aedificāret: *that...*; purpose
5 **praeerat**: *was (in charge) over* + dat.
  nē nocturnum quidem: *not even night...*; nē, quidem emphasize an intervening word
  ut...intermitterent: *that*; result clause
6 **ad labōrem**: *for*; 'ad' expresses purpose
  ad...: *for transporting...*; ad + gerundive
7 **paulō**: *a little*; abl. of degree of difference

  quam: *than*; follows a comparative adj.
  quibum: *(those) which*; abl. obj. of ūtī
8 **ūtī**: deponent inf. ūtor, governs an abl. obj.
  ad...perferendam: ad + gerundive; ll. 1, 6
  vim: irreg. feminine acc. sg. of vīs
14 **Trāditum est**: *it was reported that...*
18 **ad...subeunda**: *for undergoing...*; subeō
21 **ad nāvigandum**: *for sailing*; a gerund
  nactum: *having attained*; dep., nancīscor
22 **solvit**: *set sail*
25 **multō**: *much*; abl. of degree of difference
27 **ēgressī**: *having stepped out*; PPP, ēgredior
  exceptī sunt: *were welcomed*

hōrās ibi commorātī ad sōlis occāsum rūrsus solvērunt; sed   1
postquam pauca mīlia passuum prōgressī sunt, tanta tempestās
subitō coörta est ut cursum tenēre nōn possent, et in eandem
partem īnsulae unde nūper profectī erant magnō cum perīculō
dēicerentur. Incolae tamen, cum nox esset obscūra, Argonautās nōn   5
agnōscēbant, et nāvem inimīcam vēnisse arbitrātī arma rapuērunt et
eōs ēgredī prohibēbant. Ācriter in lītore pugnātum est, et rēx ipse,
quī cum aliīs dēcucurrerat, ab Argonautīs occīsus est. Mox tamen,
cum iam dīlūcēsceret, sēnsērunt incolae sē errāre et arma
abiēcērunt; Argonautae autem cum rēgem occīsum esse vīdērent,   10
magnum dolōrem percēpērunt.

63. THE LOSS OF HYLAS

Postrīdiē eius diēī Iāsōn tempestātem satis idōneam esse arbitrātus
(summa enim tranquillitās iam cōnsecūta erat), ancorās sustulit, et   15
pauca mīlia passuum prōgressus ante noctem Mysiam attigit. Ibi
paucās hōrās in ancorīs exspectāvit; ā nautīs enim cognōverat
aquae cōpiam quam sēcum habērent iam dēficere, quam ob causam
quīdam ex Argonautīs in terram ēgressī aquam quaerēbant. Hōrum
in numerō erat Hylās quīdam, puer fōrmā praestantissimā. Quī dum   20
fontem quaerit, ā comitibus paulum sēcesserat. Nymphae autem
quae fontem colēbant, cum iuvenem vīdissent, eī persuādēre
cōnātae sunt ut sēcum manēret; et cum ille negāret sē hoc factūrum
esse, puerum vī abstulērunt.

abiciō, -icere, -iēcī, -itūrum: throw away
ācriter: sharply, fiercely, 2
agnōscō, -ere, -nōvī, -nōtum: recognize, 4
alius, -a, -ud: other, another, else, 9
ancora, ancorae f.: anchor, 7
ante: before, in front of (acc.); adv. before, 5
aqua, -ae f.: water, 11
arbitror, -ārī, -ātus sum: judge, think, 11
arma, -ōrum n.: arms, equipment, tools, 6
attingō, -ere, -tigī, -tāctum: touch at, reach, 3
auferō, -ferre, abstulī, -lātum: carry away 11
colō, -ere, coluī, cultum: cultivate, cherish, 3
comes, -itis m./f.: companion, 3
commoror, -ārī, -ātus sum: delay, linger, 3
cōnor, cōnārī, cōnātus sum: try, attempt, 7
cōnsequor, -ī, secūtum: follow; pursue, 3
coörior, coörīrī, coörtus sum: arise, 4
cōpia, -ae f.: abundance, supply; troops, 10
currō, -ere, cucurrī, cursum: run, rush, fly, 4
dēcurrō, -ere, -cucurrī: run down
dēficiō, -ere, -fēcī, -fectum: fail, 3
dēiciō, -ere, -iēcī, -iectum: throw/cast down 2
dīlūcēscō, -ere, -lūxī: grow light
errō (1): wander, 3
fōns, fontis m.: origin, fount, source, 3
fōrma, -ae, f.: beauty, shape, form, 3
hōra, -ae f.: hour, 5
Hylās, -ae m.: Hylas, 2
idōneus, -a, -um: suitable, appropriate, 12
incola, -ae m.: inhabitant, 7
inimīcus, -a, -um: unfriendly, hostile, 2

iuvenis, -is m.: youth, young man, 4
maneō, -ēre, mānsī, mansūrum: stay, wait, 9
mīlle (pl. mīlia): thousand, 7
Mȳsia, -ae f.: Mysia
nauta, -ae f.: sailor, 3
negō (1): deny, say that…not, 3
nox, noctis, f.: night, 7
numerus, -ī m.: number, multitude, 7
nūper: recently, lately, not long ago, 2
nympha, -ae f.: nymph, 2
ob: on account of (*acc.*), 13
obscūrus, -a, -um: dark
occāsus, -ūs m.: fall, destruction, 4
occīdō, -ere, -cīdī, -cīsum: kill, cut down, 14
passus, -ūs: pace, 7
percipiō, -ere, -cēpī, -ceptum: feel perceive 5
persuādeō, -ēre, -suāsī, -suāsum: persuade, 9
postrīdiē: the day after, the next day, 4
praestō, -stāre, -stitī: stand in front, show, 6
prohibeō, -ēre, -hibuī: hold back, hinder, 2
pugnō (1): fight, 4
rapiō, -ere, rapuī, raptum: seize, snatch, 5
rūrsus: again, backward, back, 7
satis: enough, sufficient, 6
sēcēdō, -ere, sēcessī, sēcessum: withdraw
sōl, sōlis m.: sun, 10
teneō, tenēre, tenuī, tentum: hold, keep 13
tollō, -ere, sustulī, sublātum: raise, lift up 10
tranquillitās, -tātis f.: calm, tranquility, 2
unde: whence, from which source, 6

---

1 **hōrās**: *for…;* acc. duration of time
commorātī: *having…;* PPP deponent
solvērunt: *they set sail;* 'set loose'
2 **mīlia passuum**: *for…miles;* acc. extent
progressī sunt: pf. deponent progredior,
translate in the active
3 **coörta est**: pf. deponent coörior
ut…: *that…;* result, impf. possum
5 **cum…esset**: *since…;* causal, impf. subj.
6 **nāvem…vēnisse**: *that…;* ind. disc.
with pf. inf. veniō, nāvem is acc. subj.
arbitrātī: *having…;* dep. PPP
7 **ēgredī**: *from stepping out;* dep. inf. ēgredior
pugnātum est: *they fought;* "it was
fought," impersonal pass., translate active
9 **incolae**: nom. subject of sēnsērunt
sē errāre: *that…;* reflexive, ind. disc.
10 **occīsum esse**: pf. pass. inf. occīdō in
ind. discourse; acc. subject is rēgem

14 **postrīdiē eius diēī**: *the day after that
day;* abl. time when; gen.
tempestātem…esse: ind. disc.
arbitrātum: *having thought;* dep. PPP
15 **sustulit**: pf. suf-ferō
16 **mīlia passuum**: see note line 2
progressum: dep. PPP progredior
17 **paucās hōrās**: *for…;* acc. duration
18 **cōpiam…dēficere**: *that…;* ind. disc.
habērent: subordinate verbs often are
made subjunctive in ind. discourse
quam ob causam: *for which reason*
19 **Hōrum**: *of these;* partitive gen.
20 **fōrmā**: *of…beauty;* abl. of quality
Quī dum: *while he…;* 'who while…'
22 **eī**: *him;* dat. sg. (is, ea, id) of persuadeō
23 **ut..manēret**: *remain;* ind command
sē…factūrum esse: *that…;* fut. inf.
24 **abstulērunt**: pf. au-ferō (ā/ab + ferō)

64. DIFFICULT DINING   1

Post haec Argonautae ad Thrāciam cursum tenuērunt, et postquam
ad oppidum Salmydessum nāvem appulērunt, in terram ēgressī
sunt. Ibi cum ab incolīs quaesissent quis rēgnum eius regiōnis
obtinēret, certiōrēs factī sunt Phīneum quendam tum rēgem esse. 5
Cognōvērunt etiam hunc caecum esse et dīrō quōdam suppliciō
afficī, quod ōlim sē crūdēlissimum in fīliōs suōs praebuisset. Cuius
supplicī hoc erat genus: missa erant ā Iove mōnstra quaedam speciē
horribilī, quae capita virginum, corpora volucrum habēbant. Hae
volucrēs, quae Harpyiae appellābantur, Phīneō summam molestiam 10
adferēbant; quotiēns enim ille accubuerat, veniēbant et cibum
appositum statim auferēbant. Quō factum est ut haud multum
abesset quīn Phīneus fame morerētur.

65. THE DELIVERANCE OF PHINEUS   15

Rēs igitur male sē habēbat cum Argonautae nāvem appulērunt.
Phīneus autem simul atque audīvit eōs in suōs fīnēs ēgressōs esse,
magnopere gāvīsus est. Sciēbat enim quantam opīniōnem virtūtis
Argonautae habērent, nec dubitābat quīn sibi auxilium ferrent.
Nūntium igitur ad nāvem mīsit, quī Iāsonem sociōsque ad rēgiam 20
vocāret. Eō cum vēnissent, Phīneus dēmōnstrāvit quantō in
perīculō suae rēs essent, et prōmīsit sē magna praemia datūrum
esse, sī illī remedium repperissent. Argonautae negōtium libenter
suscēpērunt, et ubi hōra vēnit, cum rēge accubuērunt; at simul ac

absum, -esse, āfuī: be away, be absent, 7
ac: and, and also, 14
accumbō, -ere, accubuī,: lie (at dinner), 4
afferō, -ferre, attulī, allātum: carry to bring 5
afficiō, -ere, -fēcī, fectum: influence, treat, 13
appellō (1): call (by name), name, 12
appellō, -ere, -pulī, -pulsum: drive (to), 14
appōnō, -ere, -posuī, -positum: set before, 3
auferō, -ferre, abstulī, -lātum: carry away 11
caecus, -a, -um: blind, 2
certus, -a, -um: fixed, sure, 11
cibus, -ī m.: food, 5
crūdēlis, -e: cruel, bitter, bloody, 6
cursus, -ūs m.: course, running, haste, 10
dēmōnstrō (1): show, demonstrate, 13
dīrus, -a, -um: dreadful
dubitō (1): hestitate, doubt, 5
famēs, -is f.: hunger, 3
ferō, ferre, tulī, lātum: carry, endure, 10
fīlius, -iī m.: son, 10
fīnis, -is m./f.: end, limit, border, boundary, 12
gaudeō, -ēre, gāvīsus sum: enjoy, rejoice, 4
genus, -eris n.: birth, race; kind, family, 2
Harpȳiae, -ārum f.: Harpies, 3
haud: by no means, not at all, 4
hōra, -ae f.: hour, 5
horribilis, -e: horrible, dreadful, 11
incola, -ae m.: inhabitant, 7
Iuppiter, Iovis m.: Jupiter, 8
libenter: gladly, willingly, 12
male: badly

molestia, -ae f.: trouble, annoyance
morior, morī, mortuus sum: die, 4
nec: and not, nor, 10
negōtium, iī n.: task, business, occupation, 13
nūntius, -iī m.: messenger, 12
obtineō, -ēre, -uī, -tentum: hold, maintain, 9
ōlim: once, formerly, 10
opīniō, -iōnis f.: opinion, reputation, 6
oppidum, -ī n.: town, 4
Phīneus, -ī m.: Phineus, 7
praebeō, -ēre, -uī, -itum: present, give, 7
praemium, -iī n.: reward, 5
prōmittō, -ere, -mīsī, -missum: send forth, 3
quantus, -a, -um: how much, how great, 4
quīn: nay (even), (but) that, 12
quotiēns: as often as, 2
rēgia, -ae f.: palace, 4
remedium, iī n.: remedy, cure
reperiō, -īre, repperī, repertum: find, 9
Salmydessus, -ī m.: Salmydessus
sciō, -īre, -īvī (iī), -ītum: know, understand, 9
simul: at the same time; at once, together, 10
supplicium, -iī n.; punishment, supplication, 5
suscipiō, -ere, -cēpī, -ceptum: undertake, 14
teneō, tenēre, tenuī, tentum: hold, keep 13
Thrācia, -ae f.: Thrace, 3
virgō, virginis f.: maiden, 2
virtūs, -ūtis f.: valor, manhood, excellence, 10
vocō (1): call, summon, invoke, 2
volucris, -is f.: bird, 3

---

2 **Post haec:** *after these (things)*; neuter acc.
3 **ab incolīs:** *from…*; abl. of source
4 **quis…obtinēret:** *who…*; ind. question
5 **certiōrēs factī sunt:** *were made more certain*; 'were informed' a common phrase in Caesar, often followed by ind. discourse
6 **hunc caecum esse…afficī:** *that this one…*; ind. discourse with 2 verbs: pres. pass. inf.
7 **quod:** *because…*
   in…: *against*
   praebuisset: *had shown*; governs a double acc.; relative clause of characteristic, praebeō (prae-habeō)
   cuius supplicī: gen. modifies genus
8 **speciē horribilī:** *of…*; abl. quality; the adj. is 3rd decl. i-stem (horribile → horribilī)
9 **(et) corpora:** *and bodies*; ellipsis, add 'et'
10 **Phineō:** *to…*; dat. of compound verb
11 **quotiēns enim:** *for…*; enim is postpositive

12 **appositum:** *having been served*; 'having been set before,' PPP appōnō
   Quō factum…morerētur: *(because of) which it happened that it was by no means very far away that Phineus would die from famine*; abl. of cause, noun result clause
16 **male sē habēbat:** *was faring poorly*; idiom 'held itself poorly'
17 **simul atque:** *as soon as*; 'same time as' **ēgressōs esse:** pf. dep., eōs is acc. subj
18 **gāvīsus est:** pf. of semi-deponent gaudeō **quantam opīniōnem:** *how great a reputation…*; introduces ind. question
19 **nec dubitābat quīn:** *he did not doubt that*; quīn often follows "nōn dubitō"
20 **quī…:** *call…*; relative clause of purpose
21 **Eō:** *there*; frequenctly an adverb, 'to there'
22 **sē…datūrum esse:** *that he…*; fut. inf.
24 **simul ac:** *as soon as*; 'same time as' l. 17

cēna apposita est, Harpyiae cēnāculum intrāvērunt et cibum auferre   1
cōnābantur. Argonautae prīmum gladiīs volucrēs petiērunt; cum
tamen vidērent hoc nihil prōdesse, Zētēs et Calais, quī ālīs erant
īnstrūctī, in āëra sē sublevāvērunt, ut dēsuper impetum facerent.
Quod cum sēnsissent Harpyiae, reī novitāte perterritae statim   5
aufūgērunt, neque posteā umquam rediērunt.

66. THE SYMPLEGADES

Hōc factō Phīneus, ut prō tantō beneficiō meritam grātiam referret,
Iāsonī dēmōnstrāvit quā ratiōne Symplēgadēs vītāre posset.   10
Symplēgadēs autem duae erant rūpēs ingentī magnitūdine, quae ā
Iove positae erant eō cōnsiliō, nē quis ad Colchida pervenīret. Hae
parvō intervallō in marī natābant, et sī quid in medium spatium
vēnerat, incredibilī celeritāte concurrēbant. Postquam igitur ā
Phīneō doctus est quid faciendum esset, Iāsōn sublātīs ancorīs   15
nāvem solvit, et lēnī ventō prōvectus mox ad Symplēgadēs
appropinquāvit. Tum in prōrā stāns columbam quam in manū
tenēbat ēmīsit. Illa rēctā viā per medium spatium volāvit, et
priusquam rūpēs cōnflīxērunt, incolumis ēvāsit caudā tantum
āmissā. Tum rūpēs utrimque discessērunt; antequam tamen rūrsus   20
concurrerent, Argonautae, bene intellegentēs, omnem spem salūtis
in celeritāte positam esse, summā vī rēmīs contendērunt et nāvem
incolumem perdūxērunt. Hōc factō dīs grātiās maximās ēgērunt,
quōrum auxiliō ē tantō perīculō ēreptī essent; omnēs enim sciēbant
nōn sine auxiliō deōrum rem tam fēlīciter ēvēnisse.   25

āēr, āeris m. (acc. āera): air, 6
āla, -ae f.: wing, 2
āmittō, -ere, -mīsī, -missum: lose, let go, 8
ancora, ancorae f.: anchor, 7
antequam: before, 9
appōnō, -ere, -posuī, -positum: set before, 3
appropinquō (1): come near, approach, 8
auferō, -ferre, abstulī, -lātum: carry away 11
aufugiō, -ere, -fūgī: flee, run away
bene: well, 5
beneficium, -iī n.: benefit, favor; kindness, 8
Calais, is m.: Calais
cauda, -ae f.: tail, 2
celeritās, -tātis f.: speed, quickness, 7
cēna, -ae f.: dinner, 5
cēnāculum, -ī n.: dining-room
cibus, -ī m.: food, 5
Colchis, -idis f.: Colchis, 4
columba, -ae f.: pigeon, dove
concurrō, -ere, -currī: run together 4
cōnflīgō, -ere, -flīxī, -flīctum: dash together
cōnor, cōnārī, cōnātus sum: try, attempt, 7
contendō, -ere, -ī, -tum: hasten; fight, 11
dēmōnstrō (1): show, demonstrate, 13
dēsuper: from above, 2
discēdō, -ere, -cessī, -sum: go away, depart, 4
doceō, -ēre, -uī, -ctum: teach, tell, 9
duo, duae, duo: two, 10
ēmittō, -ere, -mīsī, -missum: send out, 2
ēripiō, -ere, -uī, -reptum: tear from, rescue, 2
ēvādō, -ere, ēvāsī, ēvāsum: go out, escape, 9
ēveniō, -īre: turn out, happen, 8
fēlīciter: happily, fortunately, 3
gladius, -ī m.: sword, 10
grātia, -ae f.: graditude, favor, thanks, 10
Harpȳiae, -ārum f.: Harpies, 3
impetus, -ūs m.: attack, onset, assault, 9
incolumis, -e: inscathed, uninjured, safe, 7
incrēdibilis, -e: incredible, 2
īnstruō, -ere, -ūxī, -ūctum: equip, draw up, 6
intervallum, -ī n.: interval, distance, 2
intrō (1): go into, enter, 7

Iuppiter, Iovis m.: Jupiter, 8
lēnis, lēne: gentle
magnitūdō, -tūdinis f.: size, greatness, 13
maximus, -a, -um: greatest, 9
medius, -a, -um: middle of, 10
meritus, -a, -um: deserved, due, just, 4
natō (1): swim, float
nihil: nothing, 14
novitās, -tātis f.: newness, novelty, 3
parvus, -a, -um: small, 3
perdūcō, -ere, -dūxī, -ctum: lead through, 4
perterreō, -ēre: frighten, terrify, 5
Phīneus, -ī m.: Phineus, 7
pōnō, -ere, posuī, positum: place, put, 5
posteā: after this, afterwards, 7
priusquam: before than, sooner than, 2
prō: before, in front of, for, 9
prōra, -ae f.: prow, bow
prōsum, prōdesse, prōfuī: profit, benefit, 6
prōvehō, -ere, -vexī, -vectum: carry forth, 3
ratiō, -ōnis f.: plan, method, means, reason, 2
rēctus, -a, -um: direct, straight, 2
rēmus, -ī m.: oar, 4
rūpēs, rūpis f.: rock, cliff, 6
rūrsus: again, backward, back, 7
sciō, -īre, -īvī (iī), -ītum: know, understand, 9
spatium, -iī n.: space, span, extent, 6
stō, -āre, stetī, stātum: stand, 8
sublevō (1): life up, raise
Symplēgadēs, -um f.: Symplegades, 3
tam: so, so much, so very, such, 8
teneō, tenēre, tenuī, tentum: hold, keep 13
tollō, -ere, sustulī, sublātum: raise, lift up 10
umquam: ever, 5
utrimque: on both sides, from both sides
ventus, -ī m.: wind, 10
via, -ae, f.: way, road, 4
vītō (1): avoid, 2
volō (1): fly, 3
volucris, -is f.: bird, 3
Zētēs, -ae m.: Zetes

---

3 **hoc...prōdesse**: *that this was not beneficial*
   erant īnstrūctī: *had been equipped*
4 **ut...**: *so that...*; purpose
5 **reī novitāte**: *by the novelty of the situation*
6 **rediērunt**: pf. red-eō
9 **Hōc factō**: ablative abs., common transition
8 **speciē horribilī**: *of...*; abl. quality
10 **quā ratiōne**: *by what means*; ind. question

11 **ingentī magnitūdine**: *of...*; abl. quality
12 **eō cōnsiliō, nē**: *with this purpose, so that*
13 **intervallō**: *at a small interval*; manner
15 **faciendum esset**: *had to be done*; passive
   periphrastic (gerundive + sum)
   sublātīs ancorīs: abl. abs., PPP of tollō
19 **caudā**: *with only the tail lost*; abl. abs.
23 **ēgērunt**: *gave thanks*; idiom, grātiās agō

67. A HEAVY TASK   1

Brevī intermissō spatiō Argonautae ad flūmen Phāsim vēnērunt,
quod in fīnibus Colchōrum erat. Ibi cum nāvem appulissent et in
terram ēgressī essent, statim ad rēgem Aeētem sē contulērunt et ab
eō postulāvērunt ut vellus aureum sibi trāderētur. Ille cum   5
audīvisset quam ob causam Argonautae vēnissent, īrā commōtus
est et diū negābat sē vellus trāditūrum esse. Tandem tamen, quod
sciēbat Iāsonem nōn sine auxiliō deōrum hoc negōtium suscēpisse,
mutātā sententiā prōmīsit sē vellus trāditūrum, sī Iāsōn labōrēs
duōs difficillimōs prius perfēcisset; et cum Iāsōn dīxisset sē ad   10
omnia perīcula subeunda parātum esse, quid fierī vellet ostendit.
Prīmum iungendī erant duo taurī speciē horribilī, quī flammās ex
ōre ēdēbant; tum hīs iūnctīs ager quīdam arandus erat et dentēs
dracōnis serendī. Hīs audītīs Iāsōn etsī rem esse summī perīculī
intellegēbat, tamen, nē hanc occāsiōnem reī bene gerendae   15
āmitteret, negōtium suscēpit.

68. THE MAGIC OINTMENT

Mēdēa, rēgis fīlia, Iāsonem adamāvit, et ubi audīvit eum tantum
perīculum subitūrum esse, rem aegrē ferēbat. Intellegēbat enim   20
patrem suum hunc labōrem prōposuisse eō ipsō consiliō, ut Iāsōn
morerētur. Quae cum ita essent, Mēdēa, quae summam scientiam
medicīnae habēbat, hoc cōnsilium iniit. Mediā nocte, īnsciente
patre, ex urbe ēvāsit, et postquam in montēs fīnitimōs vēnit, herbās

adamō, -āre, -āvī, -ātum: fall in love, love
Aeētēs: Aeetes, king of Cochis, 10
aegrē: with difficulty, wearily, 4
ager, -grī m.: land, field, territory, 11
āmittō, -ere, -mīsī, -missum: lose, let go, 8
appellō, -ere, -pulī, -pulsum: drive (to), 14
arō, arāre, -āvī: plow, 4
aureus, -a, -um: golden, 13
bene: well, 5
Colchī, -ōrum m.: Colchians, 3
dēns, dentis m.: tooth, 5
difficilis, -e: hard, difficult, troublesome, 6
diū: a long time, long, 13
dracō, -ōnis m.: dragon, serpent, 7
duo, duae, duo: two, 10
ēdō, -ere, ēdidī, ēditum: give out, emit, 3
etsī: even if, although, though, 13
ēvādō, -ere, ēvāsī, ēvāsum: go out, escape, 9
ferō, ferre, tulī, lātum: carry, endure, 10
fīnis, -is m./f.: end, limit, border, boundary, 12
fīnitimus, -a, -um: neighboring, bordering, 2
fīō, fierī, factus sum: become, be made, 9
flamma, -ae f.: flame, fire, torch, love
herba, -ae f.: plant, grass, 6
horribilis, -e: horrible, dreadful, 11
ineō, -īre, -iī, -itum: go into, enter, 4
īnsciēns, īnscientis: not knowing, 2
intermittō, -ere: interrupt, break off, 5
īra, īrae f.: anger, 12

iungō, -ere, iūnxī, -iūnctum: join, 3
medicīna, -ae f.: medicine, art of healing, 4
medius, -a, -um: middle of, 10
mōns, montis m.: mountain, mount, 5
morior, morī, mortuus sum: die, 4
mūtō (1): change
negō (1): deny, say that…not, 3
negōtium, iī n.: task, business, occupation, 13
nox, noctis, f.: night, 7
ob: on account of (*acc.*), 13
occāsiō, -iōnis f.: chance, opportunity, 6
ōs, ōris n.: face, mouth 3
ostendō (1): show, display, 6
pater, patris, m.: father, 12
perficiō, -ere, -fēcī, -fectum: accomplish, 3
Phāsis, Phāsidis m.: Phasis
postulō (1): demand, claim, request, ask, 11
prium: before, 3
prōmittō, -ere, -mīsī, -missum: send forth, 3
prōpōnō, -ere, -suī, -situm: put or set forth, 4
scientia, -ae f.: knowledge, wisdom, 6
sciō, -īre, -īvī (iī), -ītum: know, understand, 9
sententia, -ae f.: thought, feeling, opinion, 2
serō, serere, sēvī, satum: sow, plant
spatium, -iī n.: space, span, extent, 6
subeō, -īre, -iī: undergo, go up (to), 5
suscipiō, -ere, -cēpī, -ceptum: undertake, 14
taurus, -ī m.: bull, 7
vellus, velleris n.: fleece, 12

---

2 **Brevī…spatiō**: abl. absolute
4 **ēgressī essent**: plpf. subj. cum-clause
sē contulērunt: *carried themselves*; pf.
5 **ut…trāderētur**: *that*…; ind. command
6 **quam ob causam**: *for what reason*
vēnissent: plpf. subj., ind. question
8 **trāditūrum esse**: fut. inf., sē is acc. subject
9 **mutātā sententiā**: *having changed his opinion*; "opinion changed," abl. abs.
trāditūrum (esse): sē is acc. subject
10 **difficillimōs**: superlative, difficilis
prium: comparative adverb
perfēcisset: plpf. subj. perficiō
ad…subeunda: *for undergoing*…; ad + gerundive, employ gerund-gerundive flip: translate as gerund and direct object; subeō
11 **parātum esse**: pf. pass. inf., ind. disc.
quid…vellet: *what he wished to be done*; impf. subj. volō, ind. question
12 **Prīmum**: *first*; adverb
iungendī erant: *had to be joined*; 'were

(going) to be joined,' passive periphrastic (gerundive + sum) expresses obligation or necessity
speciē horribilī: *of…*; abl. of quality
13 **hīs iūnctīs**: ablative abs.
arandus erat: see line 12
serendī (erant): see line 12
14 **hīs audītīs**: ablative abs.
rem esse: *that…*; ind. discourse
summī perīculī: *of…*; gen. description
15 **nē…āmitteret**: neg. purpose clause
gerendae: *of carrying out…*; gerundive, employ a gerundive-gerund flip
20 **subitūrum esse**: fut. inf. sub-eō
aegrē ferēbat: *bore poorly*…
21 **eō…consiliō, ut**: *with…purpose, so that*…
22 **morerētur**: impf. of deponent morior
quae cum: *since these things were so*; i.e. 'as a result,' common phrase in Cicero
23 **īnsciente pātre**: abl. absolute, pres. pple

quāsdam carpsit; tum sūcō expressō unguentum parāvit quod vī suā   1
corpus aleret nervōsque cōnfirmāret. Hōc factō Iāsonī unguentum
dedit; praecēpit autem ut eō diē quō istī lābōrēs cōnficiendī essent
corpus suum et arma māne oblineret. Iāsōn etsī paene omnibus
hominibus magnitūdine et vīribus corporis antecellēbat (vīta enim   5
omnis in vēnātiōnibus atque in studiō reī mīlitāris cōnsūmēbātur),
tamen hoc cōnsilium nōn neglegendum esse cēnsēbat.

69. THE SOWING OF THE DRAGON'S TEETH

Ubi is diēs vēnit quem rēx ad arandum agrum ēdīxerat, Iāsōn ortā   10
lūce cum sociīs ad locum cōnstitūtum sē contulit. Ibi stabulum
ingēns repperit, in quō taurī erant inclūsī; tum portīs apertīs taurōs
in lūcem trāxit, et summā cum difficultāte iugum imposuit. At
Aeëtes cum vidēret taurōs nihil contrā Iāsonem valēre, magnopere
mīrātus est; nesciēbat enim fīliam suam auxilium eī dedisse. Tum   15
Iāsōn omnibus aspicientibus agrum arāre coepit, quā in rē tantam
dīligentiam praebuit ut ante merīdiem tōtum opus cōnfēcerit. Hōc
factō ad locum ubi rēx sedēbat adiit et dentēs dracōnis postulāvit;
quō ubi accēpit, in agrum quem arāverat magnā cum dīligentiā
sparsit. Hōrum autem dentium nātūra erat tālis ut in eō locō ubi   20
sēmentēs factae essent virī armātī mīrō quōdam modō gignerentur.

adeō, -īre, -i(v)ī: go to, approach, 4
Aeētēs: Aeetes, king of Cochis, 10
ager, -grī m.: land, field, territory, 11
alō, -ere, aluī, alitum: support, feed, nourish
ante: before, in front of (acc.); adv. before, 5
antecellō, -ere: surpass, excel
aperiō, -īre, -uī, -ertum: open, disclose, 3
arma, -ōrum n.: arms, equipment, tools, 6
armō (1): arm, equip, 4
arō, arāre, -āvī: plow, 4
aspiciō, -ere, -spexī, -spectum: look at
carpō, -ere, -sī, -tum: pluck, seize
cēnseō, -ēre: think, 2
cōnfirmō (1): make strong, strengthen, 5
cōnsūmō, -ere, -mpsī, -mptum: take, spend 9
contrā: against (+ acc.), 7
dēns, dentis m.: tooth, 5
difficultās, -tātis f.: difficulty, 7
dīligentia, -ae f.: diligence, attentiveness, 5
dracō, -ōnis m.: dragon, serpent, 7
ēdīcō, -ere, -xī, -dictum: declare, proclaim, 4
etsī: even if, although, though, 13
exprimō, -ere, -pressī, -pressum: press out
gignō, -ere, genuī, genitum: bear, produce, 3
impōnō, -ere, -posuī, -positum: place on, 7
inclūdō, -ere, -ūsī, -ūsum: close in, shut in, 7
iste, ista, istud: that or those (of yours), 7
iugum, -ī n.: yoke
lūx, lūcis f.: light, 6
magnitūdō, -tūdinis f.: size, greatness, 13
māne: in the morning
merīdiēs, -ēī m.: midday, noon; south, 2

mīlitāris, -e: military, warlike, 3
mīror, -ārī, -ātus sum: be amazed at, 7
mīrus, -a, -um: wonderful, amazing, 7
nātūra, -ae. f.: nature, 9
neglegō, -ere, -lēxī, neglēctum: neglect
nervus, -ī m.: sinew, muscle
nesciō, -īre, -scīvī, -scītum: not know, 4
nihil: nothing, 14
oblinō, -ere, -lēvī, -litum: daub over, smear
opus, -eris n.: work, deed, toil, 9
orior, orīrī, ortus sum: arise, spring up, 5
paene: almost, nearly, 8
porta, -ae f.: gate, 7
postulō (1): demand, claim, request, ask, 11
praebeō, -ēre, -uī, -itum: present, give, 7
praecipiō, -ere, -cēpī, -ceptum: order, take, 6
que: and, 14
reperiō, -īre, repperī, repertum: find, 9
sedeō, -ēre, sēdī, sessum: sit, 6
sēmentis, -is f.: seeding, sowing
spargō, -ere, sparsī, sparsum: sprinkle, 3
stabulum, -ī n.: stable, inclosure, 5
studium, -ī n.: zeal, desire, pursuit
sūcus, -ī m.: juice, sap, moisture
tālis, -e: such, 6
taurus, -ī m.: bull, 7
trahō, -ere, trāxī, tractum: draw, drag, 6
unguentum, -ī m.: ointment, 3
valeō, -ēre, -uī: be strong, fare well, be able, 5
vēnātiō, -tiōnis f.: hunting
vīta, -ae, f.: life, 9

1 sūcō expressō: abl. absolute
  quod...aleret...cōnfirmāret: which...;
  impf. subj., relative clause of characteristic
  vī suā: by its own power; abl. means
2 Hōc factō: abl. absolute
3 praecēpit: governs an ind. command
  quō (diē)...: on which; the second of two
  abl. of time when constructions
  cōnficiendī essent: had to be...; 'were
  (going) to be completed' a passive
  periphrastic (gerundive + sum) suggests
  obligation or necessity; here impf. subj.
4 hominibum: dat. of compound verb
5 magnitūdine et vīribum: in...; abl of
  respect
6 reī mīlitāris: of military affairs
7 neglegendum esse: see line 3: passive
  periphrastic in ind. disc.; cōnsilium is

acc. subject, all governed by cēnsēbat
10 ad arandum agrum: for...; employ a
  gerundive-gerund flip and translate this
  gerundive (adj.) as a gerund (noun)
  ēdīxerat: had appointed
  ortā lūce: abl. abs.; deponent PPP
12 portīs apertīs: abl. absolute; aperiō
14 nihil: not at all; adverbial acc. serves as a
  strong negative
15 fīliam...dedisse: that...had given; eī is
  dat. sg. (is, ea, id) ind. obj
16 omnibus aspicientibum: abl. abs.
  quā in rē: in quā rē; relative adj.
17 ut...cōnfēcerit: that...; result, pf subj.
  Hōc factō: abl. abs.
20 Hōrum dentium: nature of these teeth
  tālis ut: such that...; result, impf subj.
21 mīrō modō: in a certain amazing way

70. A STRANGE CROP   1

Nōndum tamen Iāson tōtum opus cōnfēcerat; imperāverat enim eī
Aeētes ut armātōs virōs quī ē dentibus gignerentur sōlus
interficeret. Postquam igitur omnēs dentēs in agrum sparsit, Iāson
lassitūdine exanimātus quiētī sē trādidit, dum virī istī gignerentur. 5
Paucās hōrās dormiēbat, sub vesperum tamen ē somnō subitō
excitātus rem ita ēvēnisse ut praedictum esset cognōvit; nam in
omnibus agrī partibus virī ingentī magnitūdine corporis gladiīs
galeīsque armātī mīrum in modum ē terrā oriēbantur. Hōc cognitō
Iāson cōnsilium quod dedisset Mēdēa nōn omittendum esse 10
putābat. Saxum igitur ingēns (ita enim Mēdēa praecēperat) in
mediōs virōs coniēcit. Illī undique ad locum concurrērunt, et cum
quisque sibi id saxum habēre vellet, magna contrōversia orta est.
Mox strictīs gladiīs inter sē pugnāre coepērunt, et cum hōc modō
plūrimī occīsī essent, reliquī vulneribus cōnfectī ā Iāsone nūllō 15
negōtiō interfectī sunt.

71. THE FLIGHT OF MEDEA

Rēx Aeētēs ubi Iāsonem labōrem prōpositum cōnfēcisse cognōvit,
īrā graviter commōtus est; id enim per dolum factum esse 20
intellegēbat; nec dubitābat quīn Mēdēa eī auxilium tulisset. Mēdēa
autem cum intellegeret sē in magnō fore perīculō sī in rēgiā
manēret, fugā salūtem petere cōnstituit. Omnibus rēbus igitur ad
fugam parātīs mediā nocte, īnsciente patre, cum frātre Absyrtō
ēvāsit, et quam celerrimē ad locum ubi Argō subducta erat sē 25

Absyrtus, -ī m.: Absyrtus, Medea's brother, 2
Aeētēs: Aeetes, king of Cochis, 10
ager, -grī m.: land, field, territory, 11
Argō, -ūs f.: Argo, 2
armō (1): arm, equip, 4
concurrō, -ere, -currī: run together 4
contrōversia, -ae f.: dispute, controversy, 2
cūr: why
dēns, dentis m.: tooth, 5
dolus, -ī m.: trick, deceit, 4
dormiō, -īre, -īvī: sleep, 8
dubitō (1): hestitate, doubt, 5
ēvādō, -ere, ēvāsī, ēvāsum: go out, escape, 9
ēveniō, -īre: turn out, happen, 8
exanimō (1): kill, exhaust, 9
excitō (1): excite, rouse, incite, 8
ferō, ferre, tulī, lātum: carry, endure, 10
frāter, -tris m.: brother, 5
fuga, -ae f.: flight, haste, exile, speed, 6
galea, -ae f.: helmet, 3
gignō, -ere, genuī, genitum: bear, produce, 3
gladius, -ī m.: sword, 10
hōra, -ae f.: hour, 5
imperō (1): order, command, 12
īnsciēns, īnscientis: not knowing, 2
inter: between, among (+ acc.), 10
īra, īrae f.: anger, 12
iste, ista, istud: that or those (of yours), 7
lassitūdō, -inis f.: weariness, 2
magnitūdō, -tūdinis f.: size, greatness, 13
maneō, -ēre, mānsī, mansūrum: stay, wait, 9
medius, -a, -um: middle of, 10
mīrus, -a, -um: wonderful, amazing, 7

nam: for, 6
nec: and not, nor, 10
negōtium, iī n.: task, business, occupation, 13
nesciō, -īre, -scīvī, -scītum: not know, 4
nōndum: not yet, 4
nox, noctis, f.: night, 7
occīdō, -ere, -cīdī, -cīsum: kill, cut down, 14
omittō, -ere, -mīsī, -missum: neglect, omit, 6
opus, -eris n.: work, deed, toil, 9
orior, orīrī, ortus sum: arise, spring up, 5
pater, patris, m.: father, 12
petō, petere, petīvī, petītum: seek, aim at, 10
plūrimus, -a, -um: most, very many, 3
praecipiō, -ere, -cēpī, -ceptum: order, take, 6
praedīcō, -ere, -dīxī, -dictum: predict
prōpōnō, -ere, -suī, -situm: put or set forth, 4
pugnō (1): fight, 4
putō (1): think, consider, 2
que: and, 14
quiēs, quiētis f.: rest, repose, sleep, 5
quīn: nay (even), (but) that, 12
quisque, quidque: each one, each person, 3
rēgia, -ae f.: palace, 4
sōlus, -a, -um: alone, only, lone, sole, 6
somnus, -ī m.: sleep, 14
spargō, -ere, sparsī, sparsum: sprinkle, 3
stringō, -ere, strīnxī, strictum: draw out, 3
sub: under, 4
subdūcō, -ere, -dūxī, -ductum: draw up, 2
undique: from everywhere, from all sides, 7
vesper, vesperī m.: evening, 4
vulnus, -eris n.: wound, blow, 6

---

2 **eī**: *(for) him*; dat. obj. if imperāverat
3 **ut...interficeret**: ind. command
5 **quiētī sē trādidit**: *gave himself to rest*; i.e. he rested
6 **paucās hōrās**: *for...*; acc.of duration
  sub: *near*
7 **ēvēnisse**: *had turned out*; pf. inf. ēveniō
  ita...ut...esset: *thus as it had been predicted*; otherwise indicative, subordinate verbs in ind. disc. become subjunctive
8 **ingentī magnitūdine**: *of...*; abl. quality
9 **mīrum in modum**: *in an amazing way*; 'according to an amazing manner'
  Hōc cognitō: abl. abs.
10 **quod dedisset**: *which...*; relative clause of characteristic, plpf. subj
10 **ōmittendum esse**: *had to be...*: 'was

(going) to be omitted' pass. periphrastic in ind. disc. in secondary sequence; cōnsilium is acc. subject
13 **id saxum**: *this rock*; demonstrative adj.
  vellet: impf. subj. volō, (inf. velle)
14 **strictīs gladiīs**: abl. abs.
  hōc modō: *in...*; abl. manner, cum is the adverbial conjunction 'when'
15 **plūrimī**: *very many (men)*; nom. subj.
  nūllō negōtiō: *with no effort*; manner
21 **nec dubitābat quīn**: *he did not doubt that*; quīn often follows 'nōn dubitō'
  tulisset: plpf. subj. ferō
22 **fore**: *would be*; ~futūrum esse, fut. inf.
23 **omnibus...parātīs**: abl. abs.
24 **īnsciente patre**: abl. abs., pres. pple
25 **quam celerrimē**: *as quickly as possible*

contulit. Eō cum vēnisset, ad pedēs Iāsonis sē prōiēcit, et multīs   1
cum lacrimīs eum obsecrāvit nē in tantō discrīmine mulierem
dēsereret quae eī tantum prōfuisset. Ille quod memoriā tenēbat sē
per eius auxilium ē magnō perīculō ēvāsisse, libenter eam excēpit,
et postquam causam veniendī audīvit, hortātus est nē patris īram   5
timēret. Prōmīsit autem sē quam prīmum eam in nāvī suā
āvectūrum.

72. THE SEIZURE OF THE FLEECE

Postrīdiē eius diēī Iāsōn cum sociīs suīs ortā lūce nāvem dēdūxit, et   10
tempestātem idōneam nactī ad eum locum rēmīs contendērunt, quō
in locō Mēdēa vellus cēlātum esse dēmōnstrābat. Cum eō
vēnissent, Iāsōn in terram ēgressus est, et sociīs ad mare relictīs,
quī praesidiō nāvī essent, ipse cum Mēdēā in silvās sē contulit.
Pauca mīlia passuum per silvam prōgressus, vellus quod quaerēbat   15
ex arbore suspēnsum vīdit. Id tamen auferre erat summae
difficultātis; nōn modo enim locus ipse ēgregiē et nātūrā et arte erat
munītus, sed etiam dracō quīdam speciē terribilī arborem
custōdiēbat. Tum Mēdēa, quae, ut suprā dēmōnstrāvimus,
medicīnae summam scientiam habuit, rāmum quem de arbore   20
proximā dēripuerat venēnō īnfēcit. Hōc factō ad locum
appropinquāvit, et dracōnem, quī, faucibus apertīs, eius adventum
exspectābat, venēnō sparsit; deinde, dum dracō somnō oppressus
dormit, Iāsōn vellus aureum dē arbore dēripuit et cum Mēdēā quam
celerrimē pedem rettulit.   25

adveniō, -īre, -vēnī, -ventum: approach
aperiō, -īre, -uī, -ertum: open, disclose, 3
appropinquō (1): come near, approach, 8
arbor, arboris f.: tree, 5
ars, artis f.: skill, craft, art, 5
auferō, -ferre, abstulī, -lātum: carry away 11
āvehō, -ere, -vexī, -vectum: carry away
cēlō (1): hide, conceal, 5
contendō, -ere, -ī, -tum: hasten; fight, 11
custōdiō, -īre, -īvī, -ītum: guard, 4
dēdūcō, -ere: lead or bring down, launch, 10
deinde: then, thereupon, 8
dēmōnstrō (1): show, demonstrate, 13
dēripiō, -ere, dēripuī, -reptum: tear away, 2
dēserō, -ere, -uī, -sertum: desert, 2
difficultās, -tātis f.: difficulty, 7
discrīmen, -crīminis n.: crisis, peril, 5
dormiō, -īre, -īvī: sleep, 8
dracō, -ōnis m.: dragon, serpent, 7
ēgregiē: excellently
ēvādō, -ere, ēvāsī, ēvāsum: go out, escape, 9
excipiō, ere, cēpī, ceptum: take out, receive 9
faucēs, -ium f.: throat, 2
hortor, -ārī, -ātus sum: encourage, urge, 4
idōneus, -a, -um: suitable, appropriate, 12
īnficiō, -ere, -fēcī, -fectum: stain, dye, 4
īra, īrae f.: anger, 12
lacrima, -ae f.: tear, 10
libenter: gladly, willingly, 12
lūx, lūcis f.: light, 6
medicīna, -ae f.: medicine, art of healing, 4
memoria, -ae f.: memory, 4

mīlle (pl. mīlia): thousand, 7
mulier, mulieris f.: woman, 3
mūniō, -īre, -īvī, -ītum: fortify, build, 2
nancīscor, -ī, nactus sum: attain, meet, 7
nātūra, -ae. f.: nature, 9
obsecrō (1): beseech, implore, entreat, 5
opprimō, -ere, -pressī: overpower 5
orior, orīrī, ortus sum: arise, spring up, 5
passus, -ūs: pace, 7
pater, patris, m.: father, 12
pēs, pedis m.: foot, 8
postrīdiē: the day after, the next day, 4
praesidium, -iī n.: protection, guard, 3
prōiciō, -icere, -iēcī, -iectum: throw forth, 4
prōmittō, -ere, -mīsī, -missum: send forth, 3
prōsum, prōdesse, prōfuī: profit, benefit, 6
proximus, -a, -um: nearest, next, 5
rāmus, -ī m.: branch
relinquō, -ere, -līquī, -lictum: leave behind, 9
rēmus, -ī m.: oar, 4
scientia, -ae f.: knowledge, wisdom, 6
silva, -ae f.: wood, forest, woodland, 7
somnus, -ī m.: sleep, 14
spargō, -ere, sparsī, sparsum: sprinkle, 3
suprā: above, before, 6
suspendō, -ere, -dī, suspēnsum: hang up
teneō, tenēre, tenuī, tentum: hold, keep 13
terribilis, -e: terrible, dreadful, 5
timeō, -ēre, -uī: fear, dread, 6
vellus, velleris n.: fleece, 12
venēnum, -ī n.: poison, 7

---

1 **sē contulit**: *carried himself*; pf. conferō
   Eō: *(to) there*; adverb
2 **nē...dēsereret**: neg. ind. command
3 **eī tantum prōfuisset**: *had been so good to
   him*; 'had been so much profit to him,' dat.
   interest and inner acc. "so great a benefit';
   plpf. subj. prōsum, relative of characteristic
   memoriā tenēbat: i.e. remembered; 'in
   memory' is in fact an abl. of means
   sē...ēvāsisse: *that he...*; follows tenēbat
4 **excēpit**: *welcomed*; as often, 'received'
5 **veniendī**: gen. sg. gerund
   hortātus est: pf. dep. hortor
   nē...timēret: negative ind. command
6 **sē...āvectūrum (esse)**: *that...would
   carry away*; fut. inf. (add esse to the pple.)
   quam prīmum: *as soon as possible*
10 **postrīdiē eius diēī**: *the day after that*

   day; abl. time when; gen. sg.
   ortā lūce: abl. abs., deponent PPP
11 **nactī**: *having attained*; pple nancīscor
   contendērunt: *hastened*; 'strove'
12 **eō**: *there*; see line 1
13 **sociīs...relictīs**: abl. abs.
14 **praesidiō nāvī essent**: *served as guard for
   the ship*; 'for guard for the ship,' double
   dat. (purpose and interest)
16 **id...auferre**: *carry it off*; subject inf.
   summae difficultātis: *of...*; gen. of
   description is a predicate
17 **nōn modo...sed etiam**: *not only...but also*
   et...et: *both...and*
   erat munītum: munītus erat; plpf. pass.
21 **īnfēcit**: *infected a branch with poison*
24 **quam celerrimē**: *as quickly as possible*
25 **pedem rettulit**: i.e. "returned" referō

73. THE RETURN TO THE ARGO   1

Dum autem ea geruntur, Argonautae, quī ad mare relictī erant,
anxiō animō reditum Iāsonis exspectābant; id enim negōtium
summī esse perīculī intellegēbant. Postquam igitur ad occāsum
sōlis frūstrā exspectāvērunt, dē eius salūte dēspērāre coepērunt, nec   5
dubitābant quīn aliquī cāsus accidisset. Quae cum ita essent,
mātūrandum sibi cēnsuērunt, ut ducī auxilium ferrent; sed dum
proficīscī parant, lūmen quoddam subitō cōnspiciunt mīrum in
modum intrā silvās refulgēns, et magnopere mīrātī quae causa esset
eius reī ad locum concurrunt. Quō cum vēnissent, Iāsonī et Mēdēae   10
advenientibus occurrērunt, et vellus aureum lūminis eius causam
esse cognōvērunt. Omnī timōre sublātō magnō cum gaudiō ducem
suum excēpērunt, et dīs grātiās maximās ēgērunt quod rēs tam
fēlīciter ēvēnisset.

                                                                        15

74. THE PURSUIT

Hīs rēbus gestīs omnēs sine morā nāvem rūrsus cōnscendērunt, et
sublātīs ancorīs prīmā vigiliā solvērunt; neque enim satis tūtum
esse arbitrātī sunt in eō locō manēre. At rēx Aeëtēs, quī iam ante
inimīcō in eōs fuerat animō, ubi cognōvit fīliam suam nōn modo ad   20
Argonautās sē recēpisse sed etiam ad vellus auferendum auxilium
tulisse, hōc dolōre gravius exārsit. Nāvem longam quam celerrimē
dēdūcī iussit, et mīlitibus impositīs fugientēs īnsecūtus est.
Argonautae, quī rem in discrīmine esse bene sciēbant, omnibus

accidō, -ere, accidī: happen, fall (on)to, 8
adveniō, -īre, -vēnī, -ventum: approach
Aeētēs: Aeetes, king of Cochis, 10
aliquī, -qua, -quod: some, any, definite, 3
ancora, ancorae f.: anchor, 7
ante: before, in front of (acc.); adv. before, 5
anxius, -a, -um: anxious, 3
arbitror, -ārī, -ātus sum: judge, think, 11
auferō, -ferre, abstulī, -lātum: carry away 11
aureus, -a, -um: golden, 13
bene: well, 5
cāsus, -ūs m.: misfortune, accident, event, 8
cēnseō, -ēre: think, 2
concurrō, -ere, -currī: run together 4
cōnscendō, -ere, -ndī, -nsum: climb aboard, 6
cōnspiciō, -ere, -exī, -ectum: catch sight of, 3
dēdūcō, -ere: lead or bring down, launch, 10
dēspērō (1): despair, give up, 4
discrīmen, -crīminis n.: crisis, peril, 5
dubitō (1): hestitate, doubt, 5
dux, ducis m/f.: leader, guide, chieftain, 5
ēveniō, -īre: turn out, happen, 8
exārdēscō, -ere, -ārsī, -ārsum: catch fire, 2
excipiō, ere, cēpī, ceptum: take out, receive 9
fēlīciter: happily, fortunately, 3
ferō, ferre, tulī, lātum: carry, endure, 10
frūstrā: in vain, for nothing, 13
fugiō, fugere, fūgī, --: flee, hurry away, 9
gaudium, -iī n.: gladness, joy, 9
grātia, -ae f.: graditude, favor, thanks, 10
impōnō, -ere, -posuī, -positum: place on, 7
inimīcus, -a, -um: unfriendly, hostile, 2

īnsequor, -sequī, -secūtus sum: follow upon
intrā: within, among (+ acc.), 4
longus, -a, -um: long, 4
lūmen, lūminis n.: light, 3
maneō, -ēre, mānsī, mansūrum: stay, wait, 9
mātūrō (1): hasten, ripen, 7
maximus, -a, -um: greatest, 9
mīlēs, mīlitis m.: soldier, 2
mīror, -ārī, -ātus sum: be amazed at, 7
mīrus, -a, -um: wonderful, amazing, 7
mora, -ae f.: delay, hesitation, hindrance, 14
nec: and not, nor, 10
negōtium, iī n.: task, business, occupation, 13
occāsus, -ūs m.: fall, destruction, 4
occurrō, -ere: run into, meet, attack, 2
quīn: nay (even), (but) that, 12
recipiō, -ere, -cēpī, -ceptum: accept, take back, 8
reditus, -ūs m.: return, 5
refulgeō, -ēre, -fulsī: flash back, shine
relinquō, -ere, -līquī, -lictum: leave behind, 9
rūrsus: again, backward, back, 7
satis: enough, sufficient, 6
sciō, -īre, -īvī (iī), -ītum: know, understand, 9
silva, -ae f.: wood, forest, woodland, 7
sōl, sōlis m.: sun, 10
tam: so, so much, so very, such, 8
tollō, -ere, sustulī, sublātum: raise, lift up 10
tūtus, -a, -um: safe, secure, 3
vellus, velleris n.: fleece, 12
vigilia, -ae f.: watch, night-watch

---

2 **ea**: *these (things)*; neuter pl. demonstrative
   ad: *near, at*
3 **anxiō animō**: *with anxious heart*; manner
   id negōtium: *this task*; acc. subj.
4 **summī perīculī**: *of...*; gen. description
5 **nec dubitābat quīn**: *he did not doubt that*; quīn often follows "nōn dubitō"
6 **aliquī**: *some*; nom. sg. adj. modifies cāsus
   quae cum...: *Since these things were so*; i.e. 'as a result,' common in Cicero
7 **mātūrandum (esse) sibi**: *that he had to hurry*; '(it is) (going) to be hurried by him' passive periphrastic (gerundive + sum) with dat. of agent: translate in active
   ducī: *the leader*; dat. ind. obj. dux
8 **mīrum in modum**: *in an amazing way*
9 **refulgēns**: pres. pple, modifies neut. lūmen
   mīrātī: *having wondered*; dep. PPP

quae...esset: ind. question: impf. subj. sum
10 **Quō**: *where*; 'to which place'
   Iāsonī, Mēdēae: dat. of compound verb
   advenientibum: dat. pl. pres. pple
12 **omnī...sublātō**: abl. abs., PPP tollō 'remove,' in other instances 'lifted up'
13 **excēpērunt**: *welcomed*
   grātiās ēgērunt: *gave thanks*; idiom, agō
   quod...ēvēnisset: *because it had turned out*; plpf. subj. of alleged cause
17 **Hīs...gestīs**: abl. abs., PPP gerō
18 **sublātīs ancorīs**: abl. abs., tollō 'lifted up'
19 **manēre**: subject of esse, tūtum is the pred.
20 **inimīcō animō**: *of...*; abl. quality
21 **sē recēpisse**: *had retreated*; idiom
   ad auferendum: *for carrying off...*
22 **gravium**: *more strongly*; comp. adv.
23 **mīlitibus impositīs**: abl. abs.

vīribus rēmīs contendēbant; cum tamen nāvis quā vehēbantur   1
ingentī esset magnitūdine, nōn eādem celeritāte quā Colchī
prōgredī poterant. Quō factum est ut minimum abesset quīn ā
Colchīs sequentibus caperentur, neque enim longius intererat quam
quō tēlum adicī posset. At Mēdēa cum vīdisset quō in locō rēs   5
essent, paene omnī spē dēpositā, īnfandum hoc cōnsilium cēpit.

75. A FEARFUL EXPEDIENT

Erat in nāvī Argonautārum fīlius quīdam rēgis Aeētae, nōmine
Absyrtus, quem, ut suprā dēmōnstrāvimus, Mēdēa ex urbe fugiēns   10
sēcum abdūxerat. Hunc puerum Mēdēa interficere cōnstituit eō
cōnsiliō, ut membrīs eius in mare coniēctīs cursum Colchōrum
impedīret; certō enim sciēbat Aeētem, cum membra fīlī vīdisset,
nōn longius prōsecūtūrum esse. Neque opīniō Mēdēam fefellit,
omnia enim ita ēvēnērunt ut spērāverat. Aeētēs ubi prīmum   15
membra vīdit, ad ea colligenda nāvem tenērī iussit. Dum tamen ea
geruntur, Argonautae nōn intermissō remigandī labōre mox ē
cōnspectū hostium auferēbantur, neque prius fugere dēstitērunt
quam ad flūmen Eridānum pervēnērunt. Aeētes nihil sibi
prōfutūrum esse arbitrātus sī longius prōgressus esset, animō   20
dēmissō domum revertit, ut fīlī corpus ad sepultūram daret.

76. THE BARGAIN WITH PELIAS

Tandem post multa perīcula Iāsōn in eundem locum pervēnit unde
profectus erat. Tum ē nāvī ēgressus ad rēgem Peliam, quī rēgnum   25
adhūc obtinēbat, statim sē contulit, et vellere aureō mōnstrātō ab eō

abdūcō, -ere, -dūxī, -ductum: lead away
absūmō, -ere, -mpsī, -mptum: take away, 2
Absyrtus, -ī m.: Absyrtus, Medea's brother, 2
adhūc: still, 5
adiciō, -ere, -iēcī, -iectum: throw at, hurl
Aeētēs: Aeetes, king of Cochis, 10
arbitror, -ārī, -ātus sum: judge, think, 11
auferō, -ferre, abstulī, -lātum: carry away 11
aureus, -a, -um: golden, 13
celeritās, -tātis f.: speed, quickness, 7
certus, -a, -um: fixed, sure, 11
Colchī, -ōrum m.: Colchians, 3
Colchis, -idis f.: Colchis, 4
conligō, -ere: gather, tie together
cōnspectus, -ūs m.: sight, view, 6
contendō, -ere, -ī, -tum: hasten; fight, 11
cursus, -ūs m.: course, running, haste, 10
dēmittō, -ere, -mīsī, -missum: drop, 3
dēmōnstrō (1): show, demonstrate, 13
dēpōnō, -ere, -suī, -situm: put down/aside, 9
dēsistō, -ere, -stitī, -stitum: desist, stop, 5
domus, -ūs f.: house, home, dwelling, 11
Ēridanus, -ī m.: Eridanus
ēveniō, -īre: turn out, happen, 8
fallō, -ere, fefellī, falsum: deceive, fail, 3
fīlius, -iī m.: son, 10
fugiō, fugere, fūgī, --: flee, hurry away, 9
hostis, -is m./f.: stranger, enemy, foe, 5
impediō, -īre, -īvī, -ītum: hinder, impede
īnfandus, -a, -um: unspeakable

intermittō, -ere: interrupt, break off, 5
intersum, interesse, -fuī: be between
longē: far, far and wide, 6
magnitūdō, -tūdinis f.: size, greatness, 13
membrum, -ī n.: limb, member, 10
minimus, -a, -um: very little
mōnstrō (1): show, demonstrate, 3
nihil: nothing, 14
nōmen, nōminis, n.: name, 12
obtineō, -ēre, -uī, -tentum: hold, maintain, 9
opīniō, -iōnis f.: opinion, reputation, 6
paene: almost, nearly, 8
Peliās, -ae f.: Pelias, 14
prium: before, 3
prōsequor, -ī, prōsecūtus: follow, pursue
prōsum, prōdesse, prōfuī: profit, benefit, 6
quīn: nay (even), (but) that, 12
rēmigō (1): row
rēmus, -ī m.: oar, 4
revertō, -ere, reversī: turn back, return, 2
sciō, -īre, -īvī (iī), -ītum: know, understand, 9
sepultūra, -ae f.: burial, 2
sequor, -ī, secūtus sum: follow; attend, 4
spērō (1): hope (for), expect, 5
suprā: above, before, 6
tēlum, -ī n.: weapon, arrow, spear, 3
teneō, tenēre, tenuī, tentum: hold, keep 13
unde: whence, from which source, 6
vehō, -ere, vexī, vectum: convey, carry, 5
vellus, velleris n.: fleece, 12

---

1 **vīribum:** *with all their strength*; manner
  contendēbant: *hastened*
  cum: *since*
  quā: relative pronoun, abl. means
2 **ingentī magnitūdine:** *of...*; abl. quality,
  pred. of esset; 3rd decl. i-stem ablative
  celeritāte: *with...*; abl. manner
  quā: *with which*; abl. manner
  prōgredī: pres. deponent inf.
3 **Quō factum...morerētur:** *because of
  which it happened that it was not at all far
  from being captured by the pursuing
  Colchians*; 'were least away that they...'
  abl. of cause; the ut-clause is a noun result
  clause; minimum is adv. acc.
  Longius intererat quam: *for it was no
  farther between than...*; comparative
5 **quō tēlum:** *(that) in which, (that) to which*
  posset: impf. subj. possum + pass. inf.
6 **paene omnī...dēpositā**: abl. abs.

  cōnsilium cēpit: *adopted a plan*; 'took up'
9 **nōmine:** *by name*; abl. respect
10 **ut:** *as*; ut + indicative
  fugiēns: pres. pple fugiō, -ere
11 **eō cōnsiliō:** *with this purpose, (namely)
  so that*; precedes purpose cl.
12 **membris...coniēctīs**: abl. abs.
14 **longium:** *farther*; comparative adv.
  opīniō: *expectation*
15 **ita...ut:** *just as*; ut + indicative
  prīmum: *first*; adverb
16 **ad ea colligenda**: *for gathering them*;
  employ a gerund-gerundive flip
17 **remigandī**: gen. gerund
18 **prius...quam:** *earlier than, before*
  fugere: *from fleeing*; English idiom
19 **nihil:** *that it would be no profit for him*;
  inner acc. or adv. acc. (not at all), cf. p. 77
20 **animō dēmissō:** *with dejected heart*
26 **sē contulit:** *carried himself*; conferō

postulāvit ut rēgnum sibi trāderētur; Peliās enim pollicitus erat, sī 1
Iāsōn vellus rettulisset, sē rēgnum eī trāditūrum. Postquam Iāsōn
quid fierī vellet ostendit, Peliās prīmō nihil respondit, sed diū in
eādem trīstitiā tacitus permānsit; tandem ita locūtus est: "Vidēs mē
aetāte iam esse cōnfectum, neque dubium est quīn diēs suprēmus 5
mihi appropinquet. Liceat igitur mihi, dum vīvam, hoc rēgnum
obtinēre; cum autem tandem dēcesserō, tū mihi succēdēs." Hāc
ōrātiōne adductus Iāsōn respondit sē id factūrum quod ille rogāsset.

77. MAGIC ARTS   10

Hīs rēbus cognitīs Mēdēa rem aegrē tulit, et rēgnī cupiditāte
adducta mortem rēgī per dolum īnferre cōnstituit. Hōc cōnstitūtō ad
fīliās rēgis vēnit atque ita locūta est: "Vidētis patrem vestrum
aetāte iam esse cōnfectum neque ad labōrem rēgnandī perferendum
satis valēre. Vultisne eum rūrsus iuvenem fierī?" Tum fīliae rēgis 15
ita respondērunt: "Num hoc fierī potest? Quis enim umquam ē sene
iuvenis factus est?" At Mēdēa respondit: "Mē medicīnae summam
habēre scientiam scītis. Nunc igitur vōbīs dēmōnstrābō quō modō
haec rēs fierī possit." Postquam fīnem loquendī fēcit, arietem
aetāte iam confectum interfēcit et membra eius in vāse aēneō 20
posuit, atque ignī suppositō in aquam herbās quāsdam īnfūdit.
Tum, dum aqua effervēsceret, carmen magicum cantābat. Mox
ariēs ē vāse exsiluit et, vīribus refectīs, per agrōs currēbat.

addūcō, -ere, -dūxī, -ctum: lead to, bring, 8
aegrē: with difficulty, wearily, 4
aēneus, -a, -um: of bronze, 3
aetās, aetātis f.: age, lifetime, time, 4
ager, -grī m.: land, field, territory, 11
appropinquō (1): come near, approach, 8
aqua, -ae f.: water, 11
ariēs, -ietis m.: ram, battering-ram, 2
cantō (1): sing
carmen, carminis n.: song, 2
cupiditās, -tātis f.: desire, passion, 5
currō, -ere, cucurrī, cursum: run, rush, fly, 4
dēcēdō, -ere, -cessī, -cessum: depart; die, 2
dēmōnstrō (1): show, demonstrate, 13
diū: a long time, long, 13
dolus, -ī m.: trick, deceit, 4
dubius, -a, -um: doubtful, uncertain, 3
effervēscō, -ere, -fervī: boil up or over
exsiliō, -īre, -siluī: leap out or forth
ferō, ferre, tulī, lātum: carry, endure, 10
fīnis, -is m./f.: end, limit, border, boundary, 12
fīō, fierī, factus sum: become, be made, 9
herba, -ae f.: plant, grass, 6
ignis, ignis, m.: fire, 9
īnferō, -ferre, -tulī, -lātum: carry on, wage, 3
īnfundō, -ere, -fūdī, fūsum: pour into
iuvenis, -is m.: youth, young man, 4
licet, -ēre, -uit: is allowed, permitted, 5
loquor, loquī, locūtus sum: speak, address, 9
magicus, -a, -um: magic, 5
medicīna, -ae f.: medicine, art of healing, 4
membrum, -ī n.: limb, member, 10
mors, mortis, f.: death, 9
ne: introduces a yes/no question
nihil: nothing, 14

num: question expecting negative answer, 2
nunc: now, at present, 4
obtineō, -ēre, -uī, -tentum: hold, maintain, 9
ōrātiō, -iōnis f.: speaking, speech, language, 2
ostendō (1): show, display, 6
pater, patris, m.: father, 12
Peliās, -ae f.: Pelias, 14
perferō, -ferre, -tulī, -lātum: bear, betake, 2
permaneō, -ēre, -mānsī: remain
polliceor, -ērī, -citus sum: promise, proffer, 2
pōnō, -ere, posuī, positum: place, put, 5
postulō (1): demand, claim, request, ask, 11
quīn: nay (even), (but) that, 12
reficiō -ere -fēcī -fectum: make new, repair, 2
rēgnō (1): rule, reign, 3
respondeō, -ēre, -dī, -ōnsum: answer, 13
rogō (1): ask
rūrsus: again, backward, back, 7
satis: enough, sufficient, 6
scientia, -ae f.: knowledge, wisdom, 6
sciō, -īre, -īvī (iī), -ītum: know, understand, 9
senex, senis m.: old man
succēdō, -ere, -cessī: come up, succeed
suppōnō, -ere, -posuī, -positum; set beneath
suprēmus, -a, -um: highest, last
taceō, -ēre, -uī, -itum: be silent, 2
tristitia, -ae f.: sadness
tū: you, 10
umquam: ever, 5
valeō, -ēre, -uī: be strong, fare well, be able, 5
vās, vāsis n. (2nd decl. in pl.): vessel, 5
vellus, velleris n.: fleece, 12
vester, vestra, vestrum: your, 2
vīvus, -a, -um: living, alive, 4
vōs: you, you all, 3

---

1 ut: *that...*; ind. command
2 rettulisset: *if...had brought back*; fut.
   pf. indicate in future-more-vivid
   condition made plpf subj in ind. disc.
   eī: dat. sg. indirect object
   trāditūrum (esse): fut. inf.; add esse
3 quid...vellet: *what he wished to be*
   done; impf. subj. volō, ind. question
5 cōnfectum (esse): *have been exhausted*;
   neque...quīn: *there is not doubt that...*
6 mihi: *me*; dat. of compound verb
   liceat: *let it be allowed*; jussive pres. subj.
   vīvam: 1s pres. subjunctive
7 dēcesserō: *I depart (from life)*; fut. pf.
   mihi: *me*; dat with compound verb

8 id...quod: *that which...*
   factūrum (esse): fut. inf. in indirect disc.
   rogā(vi)sset: syncopated plpf subj.
10 Hīs...cognitīs: abl. abs.
11 tulit: *bore poorly*; pf. ferō
12 rēgī: *upon the king*; dat. of compound verb
14 cōnfectum (esse): see note, line 5
   ad...perferendum: *for accomplishing...*
   rēgnandī: gen. sg. gerund (-ing)
15 satis valēre: *is not strong enough*
   Vultis: 2p present volō
   fierī: *be made/done*; inf. fīō
16 Num: *surely....not?*; expects a 'no' answer
18 quō modō: *in what way*; indirect question
23 vīribus refectīs: *strength recovered*; abs.

78. A DANGEROUS EXPERIMENT   1

Dum fīliae rēgis hoc mīrāculum stupentēs intuentur, Mēdēa ita
locūta est: "Vidētis quantum valeat medicīna. Vōs igitur, sī vultis
patrem vestrum in adulēscentiam redūcere, id quod fēcī ipsae
faciētis. Vōs patris membra in vās conicite; ego herbās magicās   5
praebēbō." Quod ubi audītum est, fīliae rēgis cōnsilium quod
dedisset Mēdēa nōn omittendum putāvērunt. Patrem igitur Peliam
necāvērunt et membra eius in vās aēneum coniēcērunt; nihil autem
dubitābant quīn hoc maximē eī prōfutūrum esset. At rēs omnīnō
aliter ēvēnit ac spērāverant, Mēdēa enim nōn eāsdem herbās dedit 10
quibus ipsa ūsa erat. Itaque postquam diū frūstrā exspectāvērunt,
patrem suum rē vērā mortuum esse intellēxērunt. Hīs rēbus gestīs
Mēdēa sē cum coniuge suō rēgnum acceptūram esse spērābat; sed
cīvēs cum intellegerent quō modō Peliās periisset, tantum scelus
aegrē tulērunt. Itaque Iāsone et Mēdēā ē rēgnō expulsīs, Acastum 15
rēgem creāvērunt.

79. A FATAL GIFT

Iāsōn et Mēdēa ē Thessaliā expulsī ad urbem Corinthum vēnērunt,
cuius urbis Creōn quīdam rēgnum tum obtinēbat. Erat autem   20
Creontī fīlia ūna, nōmine Glaucē. Quam cum vīdisset, Iāsōn
cōnstituit Mēdēae uxōrī suae nūntium mittere eō cōnsiliō, ut
Glaucēn in mātrimōnium dūceret. At Mēdēa ubi intellēxit quae ille
in animō habēret, īrā graviter commōta iūre iūrandō cōnfirmāvit sē
tantam iniūriam ultūram. Hoc igitur cōnsilium cēpit. Vestem   25

Acastus, -ī m.: Acastus
adulēscentia, -ae f.: youth
aegrē: with difficulty, wearily, 4
aēneus, -a, -um: of bronze, 3
aliter: otherwise, in another way, 3
cīvis, -is m/f: citizen, fellow citizen, 5
cōnfirmō (1): make strong, strengthen, 5
coniūnx, -iugis m/f: husband, wife, spouse
Corinthus, -ī m.: Corinth
creō (1): create, 2
Creōn, -ntis m.: Creon, 5
diū: a long time, long, 13
dubitō (1): hestitate, doubt, 5
dūcō, -ere, dūxī, ductum: lead, draw, bring, 5
ego: I, 9
ēveniō, -īre: turn out, happen, 8
expellō, -ere, pulī, pulsum: drive out, expel 3
ferō, ferre, tulī, lātum: carry, endure, 10
frūstrā: in vain, for nothing, 13
Glaucē, -ēs f.: Glauce, 4
herba, -ae f.: plant, grass, 6
iniūria, -ae f.: wrong, insult, injustice, 2
intueor, -tuērī, -tuitus sum: look upon
īra, īrae f.: anger, 12
itaque: and so, 8
iūrō (1): swear, 2
iūs, iūris n.: justice, law, right, 4
loquor, loquī, locūtus sum: speak, address, 9
magicus, -a, -um: magic, 5
mātrimōnium, -iī n.: marriage, 6
maximē: especially, very greatly, 5
medicīna, -ae f.: medicine, art of healing, 4

membrum, -ī n.: limb, member, 10
mīrāculum, -ī n.: wonder, marvel, miracle
mortuus, -a, -um: dead, 7
necō (1): kill, slay, put to death, 9
nihil: nothing, 14
nōmen, nōminis, n.: name, 12
nūntius, -iī m.: messenger, 12
obtineō, -ēre, -uī, -tentum: hold, maintain, 9
omittō, -ere, -mīsī, -missum: neglect, omit, 6
omnīnō: altogether, wholely, entirely, 11
pater, patris, m.: father, 12
Peliās, -ae f.: Pelias, 14
pereō, perīre, periī, peritūrum: perish
praebeō, -ēre, -uī, -itum: present, give, 7
prōsum, prōdesse, prōfuī: profit, benefit, 6
putō (1): think, consider, 2
quantus, -a, -um: how much, how great, 4
quīn: nay (even), (but) that, 12
redūcō, -ere, -dūxī, -tum: lead/bring back, 11
scelus, sceleris n.: wickedness, crime, 4
spērō (1): hope (for), expect, 5
stupeō, -ēre, -uī: be stunned, be astounded
Thessalia, -ae f.: Thessaly, 4
ulcīscor, ulcīscī, ultus sum: avenge, 2
ūtor, ūtī, ūsus sum:use, employ, enjoy 2
uxor, uxōris f.: wife, spouse, 10
valeō, -ēre, -uī: be strong, fare well, be able, 5
vās, vāsis n. (2nd decl. in pl.): vessel, 5
vērus, -a, -um: true, real, 2
vester, vestra, vestrum: your, 2
vestis, -is f.: clothing, 12
vōs: you, you all, 3

---

3 **quantum valeat medicīna**: *how strong is...*; inner acc. ind. question, pres. subj.
  vultis: 2p volō
4 **id quod**: *that which...*; demonstrative
5 **conicite**: plural imperative, -iciō from iaciō
6 **quod**: *this*; 'which,' nom. subject
  quod...Mēdēa: plpf. subj., relative clause of characteristic
7 **ōmittendum (esse)**: *must be...*: 'was (going) to be omitted,' pass. periphrastic in ind. disc.; cōnsilium is acc. subject,
9 **dubitābant quīn**: *they did not at all doubt that*; nihil is an adv. acc. or inner acc. (had no doubt); quīn often follows dubitāre
  prōfutūrum esset: *would be profitable*; 'was going to be profitable,' periphrastic fut. (fut pple + sum); impf subj
11 **quibum**: *which*; abl. obj. of ūsa est

ipsa: *(she) herself*
  ūsa est: pf. dep. ūtor, governs abl.
12 **rē vērā**: *in true fact*; i.e. actually
  hīs...gestīs: abl. abs., PPP gerō
13 **acceptūram esse**: *would receive*; sē is acc. subj.; fut. inf.
14 **quō modō**: *in what way*; abl. manner
  periisset: plpf. subj. per-eō, ind. quest
15 **tulērunt**: pf. ferō, again to bear poorly
  Iāsone...expulsīs: abl. abs.
20 **cuius urbis**: *of which city*; + regnum
21 **Creontī**: *there was to Creon*; 'Creon had,' dat. of possession
24 **iūre iūrandō**: *by sworn oath*; 'by oath (going) to be worn,' abl. means
25 **ultūrum (esse)**: fut. inf. ulcīscor
  cēpit: *adopted*; 'took up'

parāvit summā arte textam et variīs colōribus īnfectam; hanc 1
mortiferō quōdam venēnō tīnxit, cuius vīs tālis erat ut sī quis eam
vestem induisset, corpus eius quasi ignī ūrerētur. Hōc factō vestem
ad Glaucēn mīsit; illa autem nihil malī suspicāns dōnum libenter
accēpit, et vestem novam mōre fēminārum statim induit. 5

80. MEDEA KILLS HER SONS

Vix vestem induerat Glaucē cum dolōrem gravem per omnia
membra sēnsit, et paulō post crūdēlī cruciātū affecta ē vītā excessit.
Hīs rēbus gestīs Mēdēa furōre atque āmentiā impulsa fīliōs suōs 10
necāvit; tum magnum sibi fore perīculum arbitrāta sī in Thessaliā
manēret, ex eā regiōne fugere cōnstituit. Hōc cōnstitūtō Sōlem
orāvit ut in tantō perīculō auxilium sibi praebēret. Sōl autem hīs
precibus commōtus currum mīsit cui erant iūnctī dracōnēs ālīs
īnstrūctī. Mēdēa nōn omittendam tantam occāsiōnem arbitrāta 15
currum ascendit, itaque per āëra vecta incolumis ad urbem Athēnās
pervēnit. Iāsōn ipse brevī tempore mīrō modō occīsus est. Accidit
sīve cāsū sīve cōnsiliō deōrum ut sub umbrā nāvis suae, quae in
lītus subducta erat, dormīret. Mox nāvis, quae adhūc ērēcta steterat,
in eam partem ubi Iāsōn iacēbat subitō dēlāpsa virum īnfēlīcem 20
oppressit.

accidō, -ere, accidī: happen, fall (on)to, 8
adhūc: still, 5
āēr, āeris m. (acc. āera): air, 6
afficiō, -ere, -fēcī, fectum: influence, treat, 13
āla, -ae f.: wing, 2
āmentia, -ae f.: madness, 2
arbitror, -ārī, -ātus sum: judge, think, 11
ars, artis f.: skill, craft, art, 5
ascendō, -ere, -ī, -ēnsum: ascend, mount, 3
Athenae, -ārum f.: Athens
cāsus, -ūs m.: misfortune, accident, event, 8
color, colōris m.: color
cruciātus, -ūs m.: torture, 2
crūdēlis, -e: cruel, bitter, bloody, 6
currus, -ūs m.: chariot, cart, 2
dēlābor, -lābī, -lāpsus sum: slip or fall down
dōnum, -ī n.: gift, 6
dormiō, -īre, -īvī: sleep, 8
dracō, -ōnis m.: dragon, serpent, 7
ērigō, -ere, -rēxī, -rēctum: raise up, lift
excēdō, -ere, -cessī, -cessum: go out, depart, 2
fēmina, -ae f.: woman, 3
fīlius, -iī m.: son, 10
fugiō, fugere, fūgī, --: flee, hurry away, 9
furor, -ōris m.: rage, fury, madness, 4
Glaucē, -ēs f.: Glauce, 4
iaceō, -ēre, -uī: lie, lie low, 3
ignis, ignis, m.: fire, 9
impellō, -ere, pulī, pulsum: drive on, incite, 3
incolumis, -e: inscathed, uninjured, safe, 7
induō, -ere, induī, indūtum: put on, 8
īnfēlīx, -fēlīcis: unhappy, unfortunate, 2
īnficiō, -ere, -fēcī, -fectum: stain, dye, 4
īnstruō, -ere, -ūxī, -ūctum: equip, draw up, 6
itaque: and so, 8
iungō, -ere, iūnxī, -iūnctum: join, 3

libenter: gladly, willingly, 12
malus, -a, -um: bad, 3
maneō, -ēre, mānsī, mansūrum: stay, wait, 9
membrum, -ī n.: limb, member, 10
mīrus, -a, -um: wonderful, amazing, 7
mortifer, -fera, -ferum: death-bearing, 2
mōs, mōris m.: custom, manner, law, 6
necō (1): kill, slay, put to death, 9
nihil: nothing, 14
novus, -a, -um: new, 4
occāsiō, -iōnis f.: chance, opportunity, 6
occīdō, -ere, -cīdī, -cīsum: kill, cut down, 14
omittō, -ere, -mīsī, -missum: neglect, omit, 6
opprimō, -ere, -pressī: overpower 5
ōrō (1): pray (for), entreat, beseech, 5
praebeō, -ēre, -uī, -itum: present, give, 7
precēs, -um f. pl.: prayer, entreaty, 3
quasi: as if, 4
sīve: or if, whether if, 6
sōl, sōlis m.: sun, 10
stō, -āre, stetī, stātum: stand, 8
sub: under, 4
subdūcō, -ere, -dūxī, -ductum: draw up, 2
suspicō, -āre, -āvī, -ātum: suspect, mistrust, 7
tālis, -e: such, 6
texō, -ere, -uī, textum: weave
Thessalia, -ae f.: Thessaly, 4
tingō, -ere, tīnxī, tīnctum: wet, soak; dye
umbra, -ae f.: shade, shadow
ūrō, ūrere, ussī, ustum: burn
varius, -a, -um: various, 2
vehō, -ere, vexī, vectum: convey, carry, 5
venēnum, -ī n.: poison, 7
vestis, -is f.: clothing, 12
vīta, -ae, f.: life, 9
vix: with difficulty, with effort, scarcely, 5

---

1 **summā arte**: *with…;* abl. manner
 textam, īnfectam: PPP texō, īnficiō
2 **tālis**: *such*; nom. predicate of erat
 ut…ūrerētur: *that…burned*; result
 sī quis: *if anyone…*; quis is indefinite
 before sī, nisi, num, and nē
3 **induisset**: plpf. subj.
 ignī: abl. of means, i-stem 3rd decl. noun
 hōc factō: abl. abs.
4 **nihil malī**: *nothing (of) evil*; partitive
5 **mōre**: *by custom*; 'from the custom'
8 **Glaucē**: nom. subject; Greek 1st decl.
9 **paulō post**: *a little later*; abl. of degree
 of difference

 crūdēlī: abl. i-stem modifies cruciātū
10 **Hīs…gestīs**: abl. abs.
11 **magnum…fore …perīculum**: *that…*
 would be; ~futūrum esse, ind. disc
 governed by arbitrāta (PPP arbitror)
 sibi: reflexive, dat. of interest
 sī…manēret: fut. pf. ind. subordinate
 verb made subjunctive in ind. disc.
13 **ut…praebēret**: *that…*; ind. command
14 **cui**: *which…had been joined*
15 **ōmittendam (esse)**: *must not be omitted*
17 **Accidit…ut…dormīret**: *it happened*
 that…; noun result clause
18 **sīve…sīve**: *whether by….or by…*

81. HOMEWARD BOUND   1

Urbem Trōiam ā Graecīs decem annōs obsessam esse satis cōnstat;
dē hōc enim bellō Homērus, maximus poētārum Graecōrum,
Īliadem, opus nōtissimum, scrīpsit. Trōiā tandem per īnsidiās captā,
Graecī longō bellō fessī domum redīre mātūrāvērunt. Omnibus   5
rēbus igitur ad profectiōnem parātīs, nāvēs dēdūxērunt, et
tempestātem idōneam nactī magnō cum gaudiō solvērunt. Erat
inter primōs Graecōrum Ulixēs quīdam, vir summae virtūtis ac
prūdentiae, quem dīcunt nōnnullī dolum istum excōgitāsse quō
Trōiam captam esse cōnstat. Hic rēgnum īnsulae Ithacae   10
obtinuerat, et paulō antequam cum reliquīs Graecīs ad bellum
profectus est, puellam fōrmōsissimam, nōmine Pēnelopēn, in
mātrimōnium dūxerat. Nunc igitur cum iam decem annōs quasi in
exsiliō cōnsūmpsisset, magnā cupiditāte patriae et uxōris videndae
ārdēbat.   15

82. THE LOTUS-EATERS

Postquam tamen pauca mīlia passuum ā lītore Trōiae prōgressī
sunt, tanta tempestās subitō coörta est ut nūlla nāvium cursum
tenēre posset, sed aliae aliās in partēs disicerentur. Nāvis autem,   20
quā ipse Ulixēs vehēbātur, vī tempestātis ad merīdiem dēlāta
decimō diē ad lītus Libyae appulsa est. Ancorīs iactīs, Ulixēs
cōnstituit nōnnūllōs ē sociīs in terram expōnere, quī aquam ad
nāvem referrent et quālis esset nātūra eius regiōnis cognōscerent.
Hī igitur ē nāvī ēgressī imperāta facere parābant. Dum tamen fontem   25

alius, -a, -ud: other, another, else, 9
ancora, ancorae f.: anchor, 7
antequam: before, 9
appellō, -ere, -pulī, -pulsum: drive (to), 14
aqua, -ae f.: water, 11
ārdeō, -ēre, ārsī, ārsum: be on fire, burn, 3
bellum, -ī, n.: war, 6
cōnstō, -stāre, -stitī, -stitum: stand firm,
stand together; cost; it is agreed, 6
cōnsūmō, -ere, -mpsī, -mptum: take, spend 9
coörior, coörīrī, coörtus sum: arise, 4
cupiditās, -tātis f.: desire, passion, 5
cursus, -ūs m.: course, running, haste, 10
decem: ten, 4
decimus, -a, -um: tenth
dēdūcō, -ere: lead or bring down, launch, 10
dēferō, -ferre, -tulī, -lātum: carry off
disiciō, -ere, -iēcī, -iectum: scatter
dolus, -ī m.: trick, deceit, 4
domus, -ūs f.: house, home, dwelling, 11
dūcō, -ere, dūxī, ductum: lead, draw, bring, 5
excōgitō (1): think out, devise, contrive
expōnō, -ere, -suī, -situm: set out, explain 7
exsilium, -iī n.: exile, 2
fessus, -a, -um: wearied, exhausted, 2
fōns, fontis m.: origin, fount, source, 3
fōrmōsus, -a, -um: shapely, beautiful, 2
gaudium, -iī n.: gladness, joy, 9
Graecus, -a, -um: Greek, 14
Homērus, ī m.: Homer
iaciō, -ere, iēcī, iactum: throw, cast
idōneus, -a, -um: suitable, appropriate, 12
Īlias, -adis f.: the Iliad, Homer's epic
imperō (1): order, command, 12
īnsidiae, -ārum f.: ambush, 2

inter: between, among (+ acc.), 10
iste, ista, istud: that or those (of yours), 7
Ithaca, -ae f.: Ithaca, 3
Libya, -ae f.: Libya, 3
longus, -a, -um: long, 4
mātrimōnium, -iī n.: marriage, 6
mātūrō (1): hasten, ripen, 7
maximus, -a, -um: greatest, 9
merīdiēs, -ēī m.: midday, noon; south, 2
mīlle (pl. mīlia): thousand, 7
nancīscor, -ī, nactus sum: attain, meet, 7
nātūra, -ae. f.: nature, 9
nōmen, nōminis, n.: name, 12
nōnnūllus, -a, -um: not none, some, 3
nōtus, -a, -um: known, familiar, 3
nunc: now, at present, 4
obsideō, -ēre, -sēdī, -sessum: beset, beseech
obtineō, -ēre, -uī, -tentum: hold, maintain, 9
opus, -eris n.: work, deed, toil, 9
passus, -ūs: pace, 7
patria, -ae f.: fatherland, country, 8
Pēnelopē, -ēs f.: Penelope
poēta, -ae m.: poet, 4
profectiō, -tiōnis f.: departure, start, 3
prūdentia, -ae f.: prudence
puella, -ae f.: girl, 8
quālis, -e: of what sort?
quasi: as if, 4
satis: enough, sufficient, 6
scrībō, -ere, scrīpsī, scrīptum: write, 2
teneō, tenēre, tenuī, tentum: hold, keep 13
Trōia, -ae f.: Troy, 9
uxor, uxōris f.: wife, spouse, 10
vehō, -ere, vexī, vectum: convey, carry, 5
virtūs, -ūtis f.: valor, manhood, excellence, 10

---

1 **Urbem...obsessam esse**: *that...*; pf.
   pass. inf., subject of impers. cōnstat
2 **decem annōs**: *for...*; acc. duration
   satis cōnstat: *it is sufficiently agreed*;
   impersonal verb.
3 **opum**: neuter acc. in apposition to Iliadem
   Trōiā...captā: abl. abs.
5 **domum**: *home*; place to which
6 **ad...**: *for...*; expressing purpose
7 **nactī**: *having attained*; PPP nancīscor
   solvērunt: *set sail*; 'set free the ship'
8 **prīmōs**: *the leaders*; 'the first (men)'
   summae virtūtis: *of...*; gen. desciption
9 **quem**: *whom*; acc. subj. of excōgitāsse
   excōgitā(vi)sse: syncopated pf. inf.

quō: *by which*; means: masc. follows dolum
10 **cōnstat**: *it is agreed*; impersonal
11 **paulō**: *little*; abl. of degree of difference
12 **nōmine**: *by name*; abl. of respect
13 **cum...cōmsūmpisset**: *when...*; plpf. subj.
14 **patriae..videndae**: *for seeing...*; use a
   gerund-gerundive flip: translate this
   gerundive as a gerund with direct objects;
   the genitive is an objective gen.
18 **mīlia passuum**: *for...miles*; acc. of extent
19 **ut...posset**: *that...were able*; result
20 **vī**: irreg. abl. of means, vīs
23 **quī**: *who might...*; relative of purpose
24 **quālis..regiōnis**: *what..*; ind. question
24 **imperāta**: *orders*; 'things ordered,' PPP

quaerunt, quibusdam ex incolīs obviam factī ab eīs hospitiō acceptī 1
sunt. Accidit autem ut māior pars vīctūs eōrum hominum in mīrō
quōdam frūctū quem 'lōtum' appellābant cōnsisteret. Quam cum
Graecī gustāssent, patriae et sociōrum statim oblītī cōnfirmāvērunt
sē semper in eā terrā mānsūrōs, ut dulcī illō cibō in perpetuum 5
vēscerentur.

83. THE RESCUE

Ulixēs cum ab hōrā septimā ad vesperum exspectāsset, veritus nē
sociī suī in perīculō versārentur, nōnnūllōs ē reliquīs mīsit, ut quae 10
causa esset morae cognōscerent. Hī igitur in terram expositī ad
vīcum quī nōn longē aberat sē contulērunt; quō cum vēnissent,
sociōs suōs quasi vīnō ēbriōs repperērunt. Tum ubi causam
veniendī docuērunt, eīs persuādēre cōnābantur ut sēcum ad nāvem
redīrent. Illī tamen resistere ac manū sē dēfendere coepērunt, saepe 15
clāmitantēs sē numquam ex eō locō abitūrōs. Quae cum ita essent,
nūntiī rē īnfectā ad Ulixem rediērunt. Hīs rēbus cognitīs ipse cum
omnibus quī in nāvī relictī erant ad locum vēnit; et sociōs suōs
frūstrā hortātus ut suā sponte redīrent, manibus eōrum post terga
vīnctīs invītōs ad nāvem reportāvit. Tum ancorīs sublātīs quam 20
celerrimē ē portū solvit.

84. THE ONE-EYED GIANT

Postquam eā tōtā nocte rēmīs contendērunt, postrīdiē ad terram
ignōtam nāvem appulērunt. Tum, quod nātūram eius regiōnis 25
ignōrābat, ipse Ulixēs cum duodecim ē sociīs in terram ēgressus

abeō, -īre, -iī, -itum: go away, depart, 6
absum, -esse, āfuī: be away, be absent, 7
accidō, -ere, accidī: happen, fall (on)to, 8
ancora, ancorae f.: anchor, 7
appellō (1): call (by name), name, 12
appellō, -ere, -pulī, -pulsum: drive (to), 14
cibus, -ī m.: food, 5
clāmitō (1): call out
cōnfirmō (1): make strong, strengthen, 5
cōnor, cōnārī, cōnātus sum: try, attempt, 7
cōnsistō, -ere, -stitī, -stitum: stand still
contendō, -ere, -ī, -tum: hasten; fight, 11
dēfendō, -ere, -nsī, dēfensum: defend
doceō, -ēre, -uī, -ctum: teach, tell, 9
dulcis, -e: sweet, dear, fresh, 2
ēbrius, -a, -um: drunk, inebriated
expōnō, -ere, -suī, -situm: set out, explain 7
frūctus, -ūs m.: enjoyment, fruit
frūstrā: in vain, for nothing, 13
Graecus, -a, -um: Greek, 14
gustō (1): taste, 2
hōra, -ae f.: hour, 5
hortor, -ārī, -ātus sum: encourage, urge, 4
hospitium, ī n.: hospitality, 5
ignōrō (1): not know, be ignorant, 5
incola, -ae m.: inhabitant, 7
īnfectus, -a, -um: not done, 1
invītus, -a, -um: unwilling, 2
longē: far, far and wide, 6
lōtus, -ī f.: lotus
māior, māium: greater, larger; older
maneō, -ēre, mānsī, mānsūrum: stay, wait, 9
mīrus, -a, -um: wonderful, amazing, 7

mora, -ae f.: delay, hesitation, hindrance, 14
nātūra, -ae. f.: nature, 9
nōnnūllus, -a, -um: not none, some, 3
nox, noctis, f.: night, 7
numquam: never, at no time, 4
nūntius, -iī m.: messenger, 12
oblītus, -a, -um: forgetful, unmindful
obviam: in the way of, opposite to (+ dat.) 3
patria, -ae f.: fatherland, country, 8
perpetuus, -a, -um: perpetual, everlasting
persuādeō, -ēre, -suāsī, -suāsum: persuade, 9
portus, -ūs m.: harbort, port, 3
postrīdiē: the day after, the next day, 4
quasi: as if, 4
relinquō, -ere, -līquī, -lictum: leave behind, 9
rēmus, -ī m.: oar, 4
reperiō, -īre, repperī, repertum: find, 9
reportō (1): carry back, bring back
resistō, -ere, -stitī: resist, oppose; stand, 2
saepe: often
semper: always, ever, forever, 2
septimus, -a, -um: seventh, 2
sponte: of one's own will, voluntarily, 2
tergum, -ī n.: back, 8
tollō, -ere, sustulī, sublātum: raise, lift up 10
ūndecimus, -a, -um: eleventh, 2
vereor, -ērī, -itum: be afraid, fear; revere, 5
versor (1): be engaged, move about, live, 3
vēscor, vēscī: feed on, eat (+ abl.) 3
vesper, vesperī m.: evening, 4
vīctus, -ūs m.: nourishment, diet; livelihood
vīcus, -ī m.: village
vīnciō, -īre, vīnxī, vīnctum: bind, tie, 4

---

1 quibusdam..obviam factī: *put in the way of some from the inhabitants*; PPP faciō
   hospitiō: *with hospitality*; abl. manner
2 accidit: *it happened that*; noun result clause
   eōrum hominum: *of those men*; with pars
   in...cōnsisteret: *depended on*; 'consists on'
4 gustā(v)issent: sycopated plpf. subj.
   oblītī: *having forgotten*; + gen., PPP dep.
5 sē...mānsūrōs (esse): *that...*; fut. inf.
   ut...vēscerentur: *might eat*; purpose clause
   vēscor governs an abl. object
   dulcī: ablative sg., i-stem 3rd decl. adj.
9 ad vesperem: *til evening*
   exspectā(v)isset: plpf. subj., see line 4
   veritum: *having feared lest*; fearing clause
11 cognōscerent: *he might learn*; purpose
   quae...morae: *what was...*; ind. question

12 longē: *far*
   sē contulērunt: *carried themselves*; went
   quō: *(to) there*; 'to where'
14 veniendī: gen. sg. gerund (-ing)
   persuādere: *persuade (dat) that..*;
   governs dat. i.o. and ind. command
15 redīrent: impf. subj. red-eō
   manū: *by hand*; i.e. by fighting
   clāmitantēs: pres. pple
16 abitūrōs (esse): fut. inf. abeō in ind. disc.
   quae cum...: *Since these things were so*; 'as a result,' common in Cicero
19 ut redīrent: *that they return*; ind command
   suā sponte: *by their own will*
   post: *behind*
20 ancorīs sublātīs: abl. abs., PPP tollō
   quam celerrimē: *as fast as possible*

loca explōrāre cōnstituit. Paulum ā lītore prōgressī ad spēluncam   1
ingentem pervēnērunt, quam habitārī sēnsērunt; eius enim
introitum et nātūrā locī et manū mūnītum esse animadvertērunt.
Mox, etsī intellegēbant sē nōn sine perīculō id factūrōs, spēluncam
intrāvērunt; quod cum fēcissent, magnam cōpiam lactis in vāsīs   5
ingentibus conditam invēnērunt. Dum tamen mīrantur quis in eā
sēde habitāret, sonitum terribilem audīvērunt, et oculīs ad portam
tortīs mōnstrum horribile vīdērunt, hūmānā quidem speciē et
figūrā, sed ingentī magnitūdine corporis. Cum autem
animadvertissent mōnstrum ūnum oculum tantum habēre in mediā   10
fronte positum, intellēxērunt hunc esse ūnum ē Cyclōpibus, dē
quibus fāmam iam accēperant.

85. THE GIANT'S SUPPER

Cyclōpēs autem pāstōrēs erant quīdam quī īnsulam Siciliam et   15
praecipuē montem Aetnam incolēbant; ibi enim Volcānus, praeses
fabrōrum et ignis inventor, cuius servī Cyclōpēs erant, officīnam
suam habēbat.

Graecī igitur simul ac mōnstrum vīdērunt, terrōre paene
exanimātī in interiōrem partem spēluncae refūgērunt et sē ibi   20
abdere cōnābantur. Polyphēmus autem (sīc enim Cyclōps
appellābatur) pecus suum in spēluncam compulit; deinde, cum
saxō ingentī portam obstrūxisset, ignem in mediā spēluncā fēcit.
Hōc factō, oculō omnia perlūstrabat, et cum sēnsisset hominēs in
interiōre parte spēluncae esse abditōs, magnā vōce exclāmāvit: 25
"Quī hominēs estis? Mercātōrēs an latrōnēs?" Tum Ulixēs
respondit sē neque mercātōrēs esse neque praedandī causā vēnisse;

abdō, -ere, -didī, -ditum: hide, put away, 3
Aetna, -ae f.: Aetna
an: or (in questions)
animadvertō, -ere: turn mind to, notice, 6
appellō (1): call (by name), name, 12
compellō, -ere, -pulī: drive together, 3
condō, -ere, -didī, -ditum: found; hide, 2
cōnor, cōnārī, cōnātus sum: try, attempt, 7
cōpia, -ae f.: abundance, supply; troops, 10
Cyclōps, Cyclōpis m.: Cyclops, 7
deinde: then, thereupon, 8
etsī: even if, although, though, 13
exanimō (1): kill, exhaust, 9
exclāmō (1): cry out, 3
explōrō (1): search out, explore, 2
faber, fabrī m.: smith, engineer, 2
fāma, -ae f.: fame, reputation, report, rumor 7
figūra, -ae f.: form, shape
frōns, frontis f.: forehead
horribilis, -e: horrible, dreadful, 11
hūmānus, -a, -um: cultured, refined, 4
ignis, ignis, m.: fire, 9
incolō, -ere, -uī: inhabit, 4
interior, -ium: interior, 3
intrō (1): go into, enter, 7
introitus, -ūs m.: entrance, 6
inveniō, -īre, -vēnī, -ventum: find, discover 8
lac, lactis n.: milk
latrō, -ōnis m.: robber
magnitūdō, -tūdinis f.: size, greatness, 13
medius, -a, -um: middle of, 10
mercātor, -ōris m.: trader, merchant, 3

mīror, -ārī, -ātus sum: be amazed at, 7
mōns, montis m.: mountain, mount, 5
mūniō, -īre, -īvī, -ītum: fortify, build, 2
nātūra, -ae. f.: nature, 9
obstruō, -ere, -ūxī, -ūctum: block, close off 4
oculus, -ī, m.: eye, 7
officīna, -ae f.: workshop, shop, factory
paene: almost, nearly, 8
pāstor, pāstoris m.: shepherd, 2
pecus, pecoris n.: herd, flock, 4
perlūstrō (1): look over, examine, 2
porta, -ae f.: gate, 7
praecipuē; especially, 2
praedor, -ārī, -ātus sum: plunder
praeses, praesidis m.: protector
quidem: indeed, in fact, assuredly, certainly, 8
refugiō, -ere, -fūgī: flee back, 5
reperiō, -īre, repperī, repertum: find, 9
respondeō, -ēre, -dī, -ōnsum: answer, 13
sēdēs, sēdis f.: seat; abode, home, 5
servus, -ī, m.: slave, 2
sīc: thus, in this way, 2
Sicilia, -ae f.: Sicily
simul: at the same time; at once, together, 10
sonitus, -ī m.: sound, noise, clang
terribilis, -e: terrible, dreadful, 5
terror, terrōris m.: terror, fright, 4
torqueō, -ēre, torsī, tortum: twist, turn
vās, vāsis n. (2nd decl. in pl.): vessel, 5
Volcānus, -ī m.: Vulcan, 13
vōx, vōcis, f.: voice, 9

---

1 **loca**: neut. pl. loca is the common plural for masc. locus in the nom. and acc.
  paulum: *a little*; adv. acc.
  progressī: dep. PPP progredior
2 **quam**: *which*; acc. subj. of habitārī
  eium: *its*; i.e. the cave's
  introitum..munītum esse: *that...*; ind. disc.
4 **sē...factūrōs (esse)**: *would do*; fut. inf.
5 **quod**: *this*; 'which' object of fēcissent
6 **conditam**: *stored up*; PPP or pf. pass. inf. (add esse) in ind. discourse
  quis: *wonder who...*; ind. quest., impf. subj.
7 **oculīs...tortīs**: abl. abs., PPP torqueō
8 **hūmānā...figūrā**: *of...*; abl. of quality
9 **ingentī magnitūdine**: *of...*; abl. of quality
10 **mōnstrum...habēre**: ind. disc.
  tantum: *only*; an adverb
11 **positum**: *placed*; modifies oculum

  hunc: *that this...*; acc. subject
  dē quibum: *about whom*
16 **praeses...inventor**: nom. appositives
19 **simul ac**: *as soon as*; 'the same time as'
20 **exanimātī**: *having been overcome*
22 **cum...obstrūxisset**: *after...*; plpf. subj
23 **saxō ingentī**: abl. means, i-stem abl.
24 **Hōc factō**: abl. abs.
  hominēs....esse abditōs: *that...had been hidden*; pf. pass. inf. in ind. disc.
25 **magnā voce**: *with a loud...*; abl. manner
26 **Quī hominēs**: *what (sort of) people*; interrogative adj.
  an: *or*
27 **neque...neque**: *neither...nor*
  sē...esse: *that they were*; ind. disc.
  praedandī: gen. gerund (-ing) object of the prep. causā, "for the sake of"

sed ā Trōiā redeuntēs vī tempestātum ā rēctō cursū dēpulsōs esse. 1
Ōrāvit etiam ut sibi sine iniūriā abīre licēret. Tum Polyphēmus
quaesīvit ubi esset nāvis quā vectī essent; sed Ulixēs, cum sibi
maximē praecavendum esse bene intellegeret, respondit nāvem
suam in rūpīs coniectam omnīnō frāctam esse. Polyphēmus autem 5
nūllō respōnsō datō duo ē sociīs manū corripuit, et membrīs eōrum
dīvulsīs carnem dēvorāre coepit.

86. A DESPERATE SITUATION

Dum haec geruntur, Graecōrum animōs tantus terror occupāvit ut 10
nē vōcem quidem ēdere possent, sed omnī spē salūtis dēpositā
mortem praesentem exspectārent. Polyphēmus, postquam famēs
hāc tam horribilī cēnā dēpulsa est, humī prōstrātus somnō sē dedit.
Quod cum vīdisset Ulixēs, tantam occāsiōnem reī gerendae nōn
omittendam arbitrātus, pectus mōnstrī gladiō trānsfīgere voluit. 15
Cum tamen nihil temere agendum exīstimāret, cōnstituit explōrāre,
antequam hoc faceret, quā ratiōne ex spēluncā ēvādere possent. At
cum saxum animadvertisset quō introitus obstrūctus erat, nihil sibi
prōfutūrum intellēxit sī Polyphēmum interfēcisset. Tanta enim erat
eius saxī magnitūdō ut nē ā decem quidem hominibus āmōvērī 20
posset. Quae cum ita essent, Ulixēs hōc cōnātū dēstitit et ad sociōs
rediit; quī cum intellēxissent quō in locō rēs essent, nūllā spē
salūtis oblātā dē fortūnīs suīs dēspērāre coepērunt.
Ille tamen nē animōs dēmitterent vehementer hortātus est.

abeō, -īre, -iī, -itum: go away, depart, 6
agō, agere, ēgī, āctum: drive, lead, spend, 13
āmoveō, -ēre, -mōvī, -mōtum: move away, 5
animadvertō, -ere: turn mind to, notice, 6
antequam: before, 9
arbitror, -ārī, -ātus sum: judge, think, 11
bene: well, 5
carō, carnis f.: flesh, meat, 4
cēna, -ae f.: dinner, 5
cōnor, cōnārī, cōnātus sum: try, attempt, 7
corripiō, -ere, -uī, -reptum: snatch (up), 6
cursus, -ūs m.: course, running, haste, 10
decem: ten, 4
dēmittō, -ere, -mīsī, -missum: drop, 3
dēpellō, -ere, -pulī, -pulsum: drive away, drive off, 3
dēpōnō, -ere, -suī, -situm: put down/aside, 9
dēsistō, -ere, -stitī, -stitum: desist, stop, 5
dēspērō (1): despair, give up, 4
dēvorō (1): swallow down, devour, 4
dīvellō, -ere, -vellī, -vulsum: tear apart
duo, duae, duo: two, 10
ēdō, -ere, ēdidī, ēditum: give out, put forth, 3
ēvādō, -ere, ēvāsī, ēvāsum: go out, escape, 9
exīstimō (1): judge, consider, regard, think, 2
explōrō (1): search out, explore, 2
fāma, -ae f.: fame, reputation, report, rumor 7
fortūna, -ae f.: fortune, chance, luck, 3
frangō, -ere, frēgī, frāctum: break, shatter
gladius, -ī m.: sword, 10
horribilis, -e: horrible, dreadful, 11
hortor, -ārī, -ātus sum: encourage, urge, 4
humī: on the ground, 2
iniūria, -ae f.: wrong, insult, injustice, 2

introitus, -ūs m.: entrance, 6
licet, -ēre, -uit: is allowed, permitted, 5
magnitūdō, -tūdinis f.: size, greatness, 13
maximē: especially, very greatly, 5
membrum, -ī n.: limb, member, 10
mors, mortis, f.: death, 9
nihil: nothing, 14
obstruō, -ere, -ūxī, -ūctum: block, close off 4
occāsiō, -iōnis f.: chance, opportunity, 6
occupō (1): occupy, seize, 8
offerō, -ferre, obtulī, -lātum: offer, present 5
omittō, -ere, -mīsī, -missum: neglect, omit, 6
omnīnō: altogether, wholely, entirely, 11
ōrō (1): pray (for), entreat, beseech, 5
pectus, pectoris n.: breast, chest, heart, 3
praecaveō, -ēre, -cāvī, -cautum: take precautions, guard against, 1:
praesēns, -sentis: present
prōsternō, -ere, -strāvī, -ātum: lay out, 3
prōsum, prōdesse, prōfuī: profit, benefit, 6
quidem: indeed, in fact, assuredly, certainly, 8
ratiō, -ōnis f.: plan, method, means, reason, 2
rēctus, -a, -um: direct, straight, 2
respondeō, -ēre, -dī, -ōnsum: answer, 13
rūpēs, rūpis f.: rock, cliff, 6
somnus, -ī m.: sleep, 14
tam: so, so much, so very, such, 8
temere: rashly
terror, terrōris m.: terror, fright, 4
trānsfīgō, -fīgere, -fīxī, -fīxum: pierce, 4
Trōia, -ae f.: Troy, 9
vehementer: strongly, violently, ardently, 11
vehō, -ere, vexī, vectum: convey, carry, 5
vōx, vōcis, f.: voice, 9

---

1 **redeuntēs**: pres. pple red-eō
  vī: irregular abl. means, vīs
  dēpulsōs esse: pf. pass. inf. dēpellō
2 **ut...licēret**: *that it be allowed*; indirect command + dat. of interest
3 **ubi...nāvis**: ind. question, impf. subj.
  quā vectī essent: *by which...*; relative clause of characteristic, pf. pass. subj.
4 **praecavendum esse**: *that he had to beware*; 'it had to be guarded by him' passive periphrastic (gerundive + sum) governs a dat. of agent (sibi)
5 **coniectam**: PPP coniciō
  frāctam esse: fem. nāvem is acc. subj.
6 **nūllō...datō**: abl. abs., PPP dō
  membrīs...dīvulsīs: abl. abs.

10 **ut...exspectārent**: *that...*; result
11 **nē...quidem**: *not even*
  omnī spē...dēpositā: abl. abs.
13 **humī**: *on the ground*; locative
  somnō...dedit: *gave himself to sleep*
14 **quod**: *this*; 'which,' d.o. of vīdisset
  gerendae: *of carrying out this matter*
15 **ōmittendum (esse)**: *had to be omitted*; pass. periphastic in secondary sequence
16 **nihil...agendum (esse)**: *that*; cf. l. 15
18 **prōfutūrum (esse)**: *there would be no benefit to him*; adv. acc. or inner acc.
20 **nē...quidem**: *not even by ten men*
21 **hōc cōnātū**: *from...*; abl. of separation
24 **nē...dēmitterent**: neg. ind. command
  animōs: *courage*; as often, in the plural

dēmōnstrāvit sē iam anteā ē multīs et magnīs perīculīs ēvāsisse, 1
neque dubium esse quīn in tantō discrīmine dī auxilium lātūrī
essent.

87. A PLAN FOR VENGEANCE   5

Ortā lūce Polyphēmus iam ē somnō excitātus idem quod hesternō
diē fēcit; correptīs enim duōbus ē reliquīs virīs carnem eōrum sine
morā dēvorāvit. Tum, cum saxum āmōvisset, ipse cum pecore suō
ex spēluncā prōgressus est; quod cum Graecī vidērent, magnam in
spem sē post paulum ēvāsūrōs vēnērunt. Mox tamen ab hāc spē   10
repulsī sunt; nam Polyphēmus, postquam omnēs ovēs exiērunt,
saxum in locum restituit. Reliquī omnī spē salūtis dēpositā lāmentīs
lacrimīsque   sē   dēdidērunt;   Ulixēs   vērō,   quī,   ut   suprā
dēmōnstrāvimus, vir magnī fuit cōnsilī, etsī intellegēbat rem in
discrīmine esse, nōndum omnīnō dēspērābat. Tandem, postquam 15
diū haec tōtō animō cōgitāvit, hoc cōnsilium cēpit. Ē lignīs quae in
spēluncā reposita erant pālum magnum dēlēgit. Hunc summā cum
dīligentiā praeacūtum fēcit; tum, postquam sociīs quid fierī vellet
ostendit, reditum Polyphēmī exspectābat.

                                                                     20

88. A GLASS TOO MUCH

Sub vesperum Polyphēmus ad spēluncam rediit, et eōdem modō
quō anteā cēnāvit. Tum Ulixēs ūtrem vīnī prompsit, quem forte (id
quod eī erat salūtī) sēcum attulerat; et postquam magnum pōculum
vīnō complēvit, mōnstrum ad bibendum prōvocāvit. Polyphēmus, 25
quī numquam anteā vīnum gustāverat, tōtum pōculum statim

afferō, -ferre, attulī, allātum: carry to bring 5
āmoveō, -ēre, -mōvī, -mōtum: move away, 5
anteā: before, earlier, formerly, previously, 7
bibō, -ere, bibī: drink, 4
carō, carnis f.: flesh, meat, 4
cēnō (1): dine, eat dinner, 2
cogitō (1): consider, think over
compleō, -ēre, -ēvī, -plētum: fill full or up
corripiō, -ere, -uī, -reptum: snatch (up), 6
dēdō, -ere, dēdidī: surrender, give up, 2
dēligō, -ere, -lēgī, -lectum: choose, select, 6
dēmōnstrō (1): show, demonstrate, 13
dēpōnō, -ere, -suī, -situm: put down/aside, 9
dēspērō (1): despair, give up, 4
dēvorō (1): swallow down, devour, 4
dīligentia, -ae f.: diligence, attentiveness, 5
discrīmen, -crīminis n.: crisis, peril, 5
diū: a long time, long, 13
dubius, -a, -um: doubtful, uncertain, 3
duo, duae, duo: two, 10
etsī: even if, although, though, 13
ēvādō, -ere, ēvāsī, ēvāsum: go out, escape, 9
excitō (1): excite, rouse, incite, 8
exeō, -īre, -iī, -itum: go out, 5
ferō, ferre, tulī, lātum: carry, endure, 10
fīō, fierī, factus sum: become, be made, 9
fors, fortis f.: luck, chance; *forte* by chance, 2
gustō (1): taste, 2
hesternus, -a, -um: of yesterday
lacrima, -ae f.: tear, 10

lāmenta, -ōrum n.: lamentation
lignum, -ī n.: wood, 3
lūx, lūcis f.: light, 6
mora, -ae f.: delay, hesitation, hindrance, 14
nam: for, 6
nōndum: not yet, 4
numquam: never, at no time, 4
omnīnō: altogether, wholely, entirely, 11
orior, orīrī, ortus sum: arise, spring up, 5
ostendō (1): show, display, 6
ovis, ovis f.: sheep, 6
pālus, -ī m.: stake, 2
pecus, pecoris n.: herd, flock, 4
pōculum, -ī n.: cup, 7
praeacūtus, -a, -um: very pointed or sharp
prōmō, -ere, -mpsī, -mptum: bring out
prōvocō (1): call forth
que: and, 14
quīn: nay (even), (but) that, 12
reditus, -ūs m.: return, 5
repellō, -ere, reppulī, -pulsum: drive back
repōnō, -ere, -posuī, -positum: put back, 2
resistō, -ere, -stitī: resist, oppose; stand, 2
somnus, -ī m.: sleep, 14
sub: under, 4
suprā: above, before, 6
ūter, ūtris m.: skin, wine-skin
vērō: in truth, in fact, certainly, 5
vesper, vesperī m.: evening, 4

---

1 **sē...ēvāsisse**: *that they had escaped*; pf.
2 **neque...quīn**: *there is not a doubt that...*
   dī: *the gods*; deī, nom. pl.
3 **lātūrī essent**: plpf. pass. subj. ferō
6 **idem**: *the same thing;* id-dem, acc. d.o.
   hesternō diē: *on...*; abl. time when
7 **correptīs...duōbum**: abl. abs.; duōbus is
   an alternate abl/dat. pl. ending
9 **progressus est**: pf. dep. progredior
   quod: *this*; 'which' i.e. the situation
10 **sē...ēvāsūrōs (esse)**: *(namely) that...;*
   fut. inf. in apposition to spem, 'hope'
   post paulum: *a little later*; adverbs
12 **omnī...dēpositā**: abl. abs.
   lamentīs lacrimīsque: *to...*; dat. i.o.
13 **vērō**: *in truth, truly*; adv., in contrast
   ut: *as...*; common for ut + indicative
14 **magnī cōnsiliī**: *of...*; gen. description

16 **hoc cōnsilium cēpit**: *he adopted this plan*
18 **fēcit**: *made (x) (y)*; double accusative
   prae-acutum is a pred. accusative
   quid fierī vellet: *what he wished to be
   done*; ind. quest; impf. subj. volō
22 **sub**: *near*
   rediit: pf. red-eō
   eō-dem modō: *in...*; abl. of manner
23 **quō**: *in which*; abl. of manner
   forte: *by chance*; abl. as adverb
24 **eī erat salūtī**: *because it served as a
   refuge for him*; 'because it was for refuge
   for him,' double dat. (dat. of purpose and
   dat. of interest)
   attulerat: plpf. af-ferō
25 **ad bibendum**: *for...*; ad + acc. gerund
   expresses purpose

exhausit; quod cum fēcisset, tantam voluptātem percēpit ut iterum   1
et tertium pōculum replērī iusserit. Tum, cum quaesīvisset quō
nōmine Ulixēs appellārētur, ille respondit sē Nēminem appellārī;
quod cum audīvisset, Polyphēmus ita locūtus est: "Hanc tibi
grātiam prō tantō beneficiō referam; tē postrēmum omnium   5
dēvorābō." Hoc cum dīxisset, cibō vīnōque gravis recubuit et brevī
tempore somnō oppressus est. Tum Ulixēs sociīs convocātīs,
"Habēmus," inquit, "quam petīvimus facultātem; nē igitur tantam
occāsiōnem reī gerendae omittāmus."

                                                                    10

89. THE BLINDING OF POLYPHEMUS

Hāc ōrātiōne habitā, postquam extrēmum pālum ignī calefēcit,
oculum Polyphēmī dormientis ferventī lignō perfōdit; quō factō
omnēs in dīversās spēluncae partēs sē abdidērunt. At ille subitō illō
dolōre oculī ē somnō excitātus clāmōrem terribilem sustulit, et dum   15
per spēluncam errat, Ulixem manū prehendere cōnābātur; cum
tamen iam omnīnō caecus esset, nūllō modō hoc efficere potuit.
Intereā reliquī Cyclōpēs, clāmōre audītō, undique ad spēluncam
convēnērunt, et ad introitum adstantēs quid Polyphēmus ageret
quaesīvērunt, et quam ob causam tantum clāmōrem sustulisset. Ille   20
respondit sē graviter vulnerātum esse et magnō dolōre adficī. Cum
tamen posteā quaesīvissent quis eī vim intulisset, respondit ille
Nēminem id fēcisse; quibus rēbus audītīs ūnus ē Cyclōpibus: "At sī
nēmō," inquit, "tē vulnerāvit, haud dubium est quīn cōnsiliō
deōrum, quibus resistere nec possumus nec volumus, hōc suppliciō   25
adficiāris." Hoc cum dīxisset, abiērunt Cyclōpēs eum in insāniam
incidisse arbitrātī.

abdō, -ere, -didī, -ditum: hide, put away, 3
abeō, -īre, -iī, -itum: go away, depart, 6
adstō, -stāre, -stitī: stand at or near
afficiō, -ere, -fēcī, fectum: influence, treat, 13
appellō (1): call (by name), name, 12
arbitror, -ārī, -ātus sum: judge, think, 11
beneficium, -iī n.: benefit, favor; kindness, 8
caecus, -a, -um: blind, 2
calefaciō, -ere, -fēcī, -factum: make hot
cibus, -ī m.: food, 5
clāmor, -ōris m.: shout, roar, applause, 4
cōnor, cōnārī, cōnātus sum: try, attempt, 7
cōnveniō, -īre, vēnī, ventum: come together 8
convocō (1): call together, 3
Cyclōps, Cyclōpis m.: Cyclops, 7
dēvorō (1): swallow down, devour, 4
dīversus, -a, -um: different, contrary
dormiō, -īre, -īvī: sleep, 8
dubius, -a, -um: doubtful, uncertain, 3
efficiō, -ere, -fēcī, -fectum: make, form, 3
errō (1): wander, 3
excitō (1): excite, rouse, incite, 8
exhauriō, -īre, -ausī, -austum: drink up
extrēmus, -a, -um: outermost, farthest, last, 2
facultās, -tātis f.: ability, opportunity, 5
ferveō, -ēre: boil; glow
grātia, -ae f.: graditude, favor, thanks, 10
haud: by no means, not at all, 4
ignis, ignis, m.: fire, 9
incidō, -ere, -cidī: fall into, fall upon, 3
īnferō, -ferre, -tulī, -lātum: carry on, wage, 3
inquam, inquis, inquit: say, 6
īnsānia, -ae f.: insanity, madness
intereā: meanwhile, 7
introitus, -ūs m.: entrance, 6
iterum: again, a second time, 3
lignum, -ī n.: wood, 3

loquor, loquī, locūtus sum: speak, address, 9
nec: and not, nor, 10
nēmō, nūllīus, nēminī, nēminem,
nūllō/nūllā: no one, 6
nōmen, nōminis, n.: name, 12
ob: on account of (*acc.*), 13
occāsiō, -iōnis f.: chance, opportunity, 6
oculus, -ī, m.: eye, 7
omittō, -ere, -mīsī, -missum: neglect, omit, 6
omnīnō: altogether, wholely, entirely, 11
opprimō, -ere, -pressī: overpower, 5
ōrātiō, -iōnis f.: speaking, speech, language, 2
pālus, -ī m.: stake, 2
percipiō, -ere, -cēpī, -ceptum: feel perceive 5
perfodiō, -ere, -fōdī, -fossum: dig through
petō, petere, petīvī, petītum: seek, aim at, 10
pōculum, -ī n.: cup, 7
posteā: after this, afterwards, 7
postrēmus, -a, -um: last
prehendō, -ere, -hendī, -hēnsum: seize, 5
prō: before, in front of, for, 9
que: and, 14
quīn: nay (even), (but) that, 12
recumbō, -ere, recubuī: lie back, lie down, 2
repleō, -ēre, -plēvī, -plētum: fill again, fill, 4
resistō, -ere, -stitī: resist, oppose; stand, 2
respondeō, -ēre, -dī, -ōnsum: answer, 13
somnus, -ī m.: sleep, 14
supplicium, -iī n.; punishment, supplication, 5
terribilis, -e: terrible, dreadful, 5
tertius, -a, -um: third, 2
tollō, -ere, sustulī, sublātum: raise, lift up 10
tū: you, 10
undique: from everywhere, from all sides, 7
volō (1): fly, 3
voluptās, -tātis f.: pleasure, delight, 2
vulnerō (1): wound, injure, 7

---

1 **quod**: *this*; 'which' obj. of fēcisset
  ut...iusserit: *that...*; result clause with
  perfect subj. iubeō, translate in pf. tense
2 **quō nōmine**: *with...*; abl. means introduces
  an indirect question
3 **Nēminem**: acc. predicate of pass. appellārī
4 **quod**: *this*; 'which' obj. of appellār
  tibi: dat. ind. object of referam
5 **referam**: 1s future, referō
6 **cibō vīnōque**: *with...*; abl. cause with gravis
  brevī tempore: *in...*; abl. time when
7 **oppressus est**: *was overcome*
  sociīs convocātīs: abl. abs. or dat. i.o.

8 **quam**: relative adj., 'what opportunity,' or
  relative pronoun, 'the opportunity which'
  nē...ōmittāmum: *let us not...;* neg. jussive
9 **gerendae**: *of carrying out...*; gerundive
  modifies reī; use a gerundive-gerund flip
12 **hāc...habitā**: *this speech made*; idiom
  ignī: abl. of means, 3rd decl. i-stem noun
13 **ferventī**: abl., 3rd decl. i-stem adj. (pple)
  quō factō: abl. abs. translate quō as 'this'
15 **sustulit**: *raised*; pf. tollō, see also l. 20
19 **adstantēs**: *standing near*; pres. pple
24 **haud...quin**: *it is by means doubtful that*
25 **quibum**: *whom*; dat. of compound verb

90. THE ESCAPE   1

Polyphēmus, ubi sociōs suōs abiisse sēnsit, furōre atque āmentiā
impulsus Ulixem iterum quaerere coepit; tandem cum portam
invēnisset, saxum quō obstrūcta erat āmovit, ut pecus in agrōs
exīret. Tum ipse in introitū cōnsēdit, et ut quaeque ovis ad hunc   5
locum vēnerat, eius tergum manibus tractābat, nē virī inter ovēs
exīre possent. Quod cum animadvertisset Ulixēs, intellēxit omnem
spem salūtis in dolō magis quam in virtūte pōnī. Itaque hoc
cōnsilium iniit. Prīmum trēs quās vīdit pinguissimās ex ovibus
dēlēgit, quās cum inter sē vīminibus coniūnxisset, ūnum ex sociīs   10
suīs ventribus eārum ita subiēcit ut omnīnō latēret; deinde ovēs
hominem sēcum ferentēs ad portam ēgit. Id accidit quod fore
suspicātus erat. Polyphēmus enim postquam terga ovium manibus
tractāvit, eās praeterīre passus est. Ulixēs ubi rem tam fēlīciter
ēvēnisse vīdit, omnēs sociōs suōs ex ōrdine eōdem modō ēmīsit;   15
quō factō ipse novissimus ēvāsit.

91. OUT OF DANGER

Hīs rēbus ita cōnfectīs, Ulixēs veritus nē Polyphēmus fraudem
sentīret, cum sociīs quam celerrimē ad lītus contendit; quō cum   20
vēnissent, ab eīs quī nāvī praesidiō relictī erant magnā cum laetitiā
exceptī sunt. Hī enim cum anxiīs animīs iam trēs diēs continuōs
reditum eōrum exspectāvissent, suspicātī (id quidem quod erat) eōs
in aliquod perīculum magnum incidisse, ipsī auxiliandī causā

abeō, -īre, -iī, -itum: go away, depart, 6
accidō, -ere, accidī: happen, fall (on)to, 8
ager, -grī m.: land, field, territory, 11
agō, agere, ēgī, āctum: drive, lead, spend, 13
aliquī, -qua, -quod: some, any, definite, 3
āmentia, -ae f.: madness, 2
āmoveō, -ēre, -mōvī, -mōtum: move away, 5
animadvertō, -ere: turn mind to, notice, 6
anxius, -a, -um: anxious, 3
auxilior, -ārī, -ātus sum: help
coniungō, -ere, -nxī, -nctum: join together, 2
cōnsīdō, -ere, -sēdī, sessum: sit down, settle
contendō, -ere, -ī, -tum: hasten; fight, 11
continuus, -a, -um: continuous, successive, 2
deinde: then, thereupon, 8
dēligō, -ere, -lēgī, -lectum: choose, select, 6
dolus, -ī m.: trick, deceit, 4
ēmittō, -ere, -mīsī, -missum: send out, 2
ēvādō, -ere, ēvāsī, ēvāsum: go out, escape, 9
ēveniō, -īre: turn out, happen, 8
excipiō, ere, cēpī, ceptum: take out, receive 9
exeō, -īre, -iī, -itum: go out, 5
fēlīciter: happily, fortunately, 3
ferō, ferre, tulī, lātum: carry, endure, 10
fraus, fraudis f.: fraud, deception, 2
furor, -ōris m.: rage, fury, madness, 4
impellō, -ere, pulī, pulsum: drive on, incite, 3
incidō, -ere, -cidī: fall into, fall upon, 3
ineō, -īre, -iī, -itum: go into, enter, 4
inter: between, among (+ acc.), 10
introitus, -ūs m.: entrance, 6
inveniō, -īre, -vēnī, -ventum: find, discover 8

itaque: and so, 8
iterum: again, a second time, 3
laetitia, -ae f.: joy, happiness, 3
lateō, -ēre, -uī: lie hidden
magis: more, rather
novus, -a, -um: new, 4
obstruō, -ere, -ūxī, -ūctum: block, close off 4
omnīnō: altogether, wholely, entirely, 11
ōrdō, ōrdinis m.: arrangement, order, rank
ovis, ovis f.: sheep, 6
passus, -ūs: pace, 7
pecus, pecoris n.: herd, flock, 4
pinguis, -e: fat
pōnō, -ere, posuī, positum: place, put, 5
porta, -ae f.: gate, 7
praesidium, -iī n.: protection, guard, 3
praetereō, -īre, -īvī, -itum: go pass, pass by
quidem: indeed, in fact, assuredly, certainly, 8
quisque, quidque: each one, each person, 3
reditus, -ūs m.: return, 5
relinquō, -ere, -līquī, -lictum: leave behind, 9
subiciō, -ere, -iēcī, -iectum: cast under
suspicō, -āre, -āvī, -ātum: suspect, mistrust, 7
tam: so, so much, so very, such, 8
tergum, -ī n.: back, 8
tractō (1): handle, touch, 2
trēs, tria: three, 9
venter, ventris m.: belly
vereor, -ērī, -itum: be afraid, fear; revere, 5
vīmen, vīminis n.: willow
virtūs, -ūtis f.: valor, manhood, excellence, 10

---

1 abiisse: pf. inf. ab-eō in ind. discourse
3 quō: by which; abl. mean
4 obstrūcta erat: it…; supply porta as subject
   ut…exīret: so that…; purpose, exeō
5 ut: as…; as often, ut + indicative
   quaeque: each; nom. sg. modifies fem. ovis
6 nē…possent: neg. purpose, impf. possum
7 quod: this; 'which'
8 magis quam: more than; magis is an adv.
   pōnī: was placed; pres. pass. inf. pōnō
9 iniit: he initiated; pf. in-eō
   prīmum: first; adverb
   trēs: supply acc. pl. ovēs
   pinguissimās: superlative adj.
10 quās cum: when…these (sheep)
   inter sē: one another
11 suīs ventribum: under…; dat compound
   of verb

ita…ut: in such a way…that; result clause
12 ferentēs: pres. pple, ferō
   ēgit: pf. agō
   Id…suspicātus erat: it happened as he
   had suspected that it would be; 'that which
   he had suspected would be happened'; id
   is subject; fore (~futūrum esse) is fut. inf.
13 ovium: of the sheep; i-stem gen. pl.
14 eās: them; i.e. the sheep
   passus est: allowed; pf. dep. patior
16 quō factō: this done; abs.: 'which done'
   novissimum: last; 'most recent'
19 nē: lest…realize; fearing clause
20 quō: there; "to where"
   nāvī praesidiō: as protection for the ship;
   double dat. (dat. interest + dat purpose)
23 id…erat: (that which indeed was true)
24 auxiliandī…: for the sake of helping

ēgredī parābant. Tum Ulixēs nōn satis tūtum arbitrātus in eō locō   1
manēre, quam celerrimē proficīscī cōnstituit. Iussit igitur omnēs
nāvem cōnscendere, et ancorīs sublātīs paulum ā lītore in altum
prōvectus est. Tum magnā vōce exclāmāvit: "Tū, Polyphēme, quī
iūra hospitī spernis, iūstam et dēbitam poenam immānitātis tuae   5
solvistī." Hāc vōce audītā Polyphēmus īrā vehementer commōtus
ad mare sē contulit, et ubi nāvem paulum ā lītore remōtam esse
intellēxit, saxum ingēns manū correptum in eam partem coniēcit
unde vōcem venīre sēnsit. Graecī autem, etsī nōn multum āfuit
quīn submergerentur, nūllō damnō acceptō cursum tenuērunt.   10

92. THE COUNTRY OF THE WINDS

Pauca mīlia passuum ab eō locō prōgressus Ulixēs ad īnsulam
Aeoliam nāvem appulit. Haec patria erat ventōrum,

15

    "Hīc vastō rēx Aeolus antrō
luctantēs ventōs tempestātēsque sonōrās
imperiō premit ac vinclīs et carcere frēnat."

Ibi rēx ipse Graecōs hospitiō excēpit, atque eīs persuāsit ut ad   20
recuperandās vīrēs paucōs diēs in eā regiōne commorārentur.
Septimō diē, cum sociī ē labōribus sē recēpissent, Ulixēs, nē annī
tempore ā nāvigātiōne exclūderētur, sibi sine morā proficīscendum
statuit. Tum Aeolus, quī sciēbat Ulixem cupidissimum esse patriae
videndae, eī iam profectūrō magnum saccum ē coriō cōnfectum   25
dedit, in quō ventōs omnēs praeter ūnum inclūserat. Zephyrum
tantum solverat, quod ille ventus ab īnsulā Aeoliā ad Ithacam

absum, -esse, āfuī: be away, be absent, 7
Aeolia, -ae f.: Aeolia, 2
Aeolus, -ī m.: Aeolus, 2
altus, -a, -um: high, lofty, tall, 2
ancora, ancorae f.: anchor, 7
antrum, -ī n.: cave
appellō, -ere, -pulī, -pulsum: drive (to), 14
arbitror, -ārī, -ātus sum: judge, think, 11
carcer, -eris m.: prison
commoror, -ārī, -ātus sum: delay, linger, 3
cōnscendō, -ere, -ndī, -nsum: climb aboard, 6
corium, -ī n.: hide, leather
corripiō, -ere, -uī, -reptum: snatch (up), 6
cupidus, -a, -um: desirous, eager
cursus, -ūs m.: course, running, haste, 10
damnum, -ī n.: harm, injury
dēbeō, -ēre, -uī, debitum: owe; ought, 2
etsī: even if, although, though, 13
excipiō, ere, cēpī, ceptum: take out, receive 9
exclāmō (1): cry out, 3
exclūdō, -ere, -ūsī, -ūsum: shut out, hinder, 2
frēnō (1): bridle, restrain
hospitium, ī n.: hospitality, 5
immānitās, -tātis f.: cruelity
imperium, -iī n.: power to command, rule, 2
inclūdō, -ere, -ūsī, -ūsum: close in, shut in, 7
īra, īrae f.: anger, 12
Ithaca, -ae f.: Ithaca, 3
iūs, iūris n.: justice, law, right, 4
iūstus, -a, -um: just
luctor, -ārī, -ātus sum: wrestle, struggle
maneō, -ēre, mānsī, mansūrum: stay, wait, 9
mīlle (pl. mīlia): thousand, 7
mora, -ae f.: delay, hesitation, hindrance, 14

nāvigātiō, -ōnis f.: sailing, voyage, 2
passus, -ūs: pace, 7
patria, -ae f.: fatherland, country, 8
persuādeō, -ēre, -suāsī, -suāsum: persuade, 9
poena, poenae, f.: punishment, 3
praeter: except, besides, 2
premō, -ere, pressī, pressum: press, check
prōvehō, -ere, -vexī, -vectum: carry forth, 3
que: and, 14
quīn: nay (even), (but) that, 12
recipiō, -ere, -cēpī, -ceptum: accept, take back, 8
recuperō (1): recover
removeō, -ēre, -mōvī, -mōtum: remove
saccus, -ī m.: sack, bag, 5
satis: enough, sufficient, 6
sciō, -īre, -īvī (iī), -ītum: know, understand, 9
septimus, -a, -um: seventh, 2
sonōrus, -a, -um: sounding, loud, noisy
spernō, -ere, sprēvī, sprētum: spurn, reject
statuō, -ere, -uī, -ūtum: establish, build, 3
submergō, -ere, -mersī, -mersum: sink
teneō, tenēre, tenuī, tentum: hold, keep 13
tollō, -ere, sustulī, sublātum: raise, lift up 10
tū: you, 10
tūtus, -a, -um: safe, secure, 3
tuus, -a, -um: your, yours, 3
unde: whence, from which source, 6
vāstus, -a, -um: waste, huge, enormous
vehementer: strongly, violently, ardently, 11
ventus, -ī m.: wind, 10
vinculum, -ī n.: bond, chain, 4
vōx, vōcis, f.: voice, 9
Zephyrus, -ī m.: Zephyrus

---

1 **ēgredī**: pres. dep. complementary inf.
  satis tūtum: *that it is safe enough*; add esse
2 **quam celerrimē**: *as fast as possible*
  proficīscī: pres. dep. inf.
3 **ancorīs sublātīs**: abl. abs., PPP tollō
  paulum: *a little*; adverb
  in altum: *the sea*; 'into the deep (water)'
4 **magnā vōce**: *with a loud...*; abl. manner
  Polyphēme: vocative, direct. address
5 **immānitātis tuae**: *for...*; gen. of crime
6 **solvistī**: *you have paid*
7 **sē contulit**: *carried himself*; pf. conferō
8 **correptum**: *grabbed*; modifies saxum
9 **nōn...quīn**: *not very far from being drowned*; multum is an adv. acc.
13 **mīlia passuum**: *few miles*; acc. extent

16 **Hīc vastō...frēnat**: prose word order: 'Hīc in vastō antrō Aeōlus imperiō premit ac vinclīs et carcere frēnat luctantēs ventōs et tempestātēs sonōrās"
19 **imperiō premit**: *checks with his power*
  vinclīs et carcere: *with chains and prison*
20 **hospitiō**: *with hospitality*; abl. of manner
  ut...commorārentur: *that...*; result
  ad...vīrēs: *for...*;employ a gerundive-gerund flip and translate this gerundive (adj.) as a gerund with an object
22 **sē recēpissent**: *had retreated*; idiom
  nē...: *so that...might not*; neg. purpose
23 **proficīscendum (esse)**: *that he had to set out*; pass. periphrastic with dat. agent
25 **profectūrō**: *the one about to set out*

nāvigantī est secundus. Ulixēs hoc dōnum libenter accēpit, et 1
grātiīs prō tantō beneficiō actīs saccum ad mālum alligāvit. Tum
omnibus rēbus ad profectiōnem parātīs merīdiānō ferē tempore ē
portū solvit.

5

93. THE WIND-BAG

Novem diēs secundissimō ventō cursum tenuērunt, iamque in
cōnspectum patriae suae vēnerant, cum Ulixēs lassitūdine
cōnfectus (ipse enim gubernābat) ad quiētem capiendam recubuit.
At sociī, quī iam dūdum mīrābantur quid in illō saccō inclūsum 10
esset, cum ducem somnō oppressum vidērent, tantam occāsiōnem
nōn omittendam arbitrātī sunt; crēdēbant enim aurum et argentum
ibi esse cēlāta. Itaque spē lucrī adductī saccum sine morā solvērunt,
quō factō ventī

"velut agmine factō,   15
        quā data porta, ruunt et terrās turbine perflant."

    Hīc tanta tempestās subitō coörta est ut illī cursum tenēre nōn
possent sed in eandem partem unde erant profectī referrentur.
Ulixēs ē somnō excitātus quō in locō rēs esset statim intellēxit; 20
saccum solūtum, Ithacam post tergum relictam vīdit. Tum vērō īrā
vehementer exārsit sociōsque obiurgābat quod cupiditāte pecūniae
adductī spem patriae videndae prōiēcissent.

94. A DRAWING OF LOTS   25

Brevī spatiō intermissō, Graecī īnsulae cuidam appropinquāvērunt
in quā Circē, fīlia Sōlis, habitābat. Quō cum nāvem appulisset,
Ulixēs in terram frūmentandī causā ēgrediendum esse statuit; nam
cognōverat frūmentum quod in nāvī habērent iam dēficere. Sociīs

addūcō, -ere, -dūxī, -ctum: lead to, bring, 8
agmen, agminis n.: formation, battle line
agō, agere, ēgī, āctum: drive, lead, spend, 13
alligō (1): bind to, tie to, 2
appellō, -ere, -pulī, -pulsum: drive (to), 14
appropinquō (1): come near, approach, 8
arbitror, -ārī, -ātus sum: judge, think, 11
argentum, -ī n.: silver
aurum, -ī n.: gold, 3
beneficium, -iī n.: benefit, favor; kindness, 8
cēlō (1): hide, conceal, 5
cōnspectus, -ūs m.: sight, view, 6
coörior, coörīrī, coörtus sum: arise, 4
crēdō, -ere, -didī, -ditum: believe, trust, 2
cupiditās, -tātis f.: desire, passion, 5
cursus, -ūs m.: course, running, haste, 10
dēficiō, -ere, -fēcī, -fectum: fail, 3
dōnum, -ī n.: gift, 6
dūdum: + iam, for a while, a long time, 2
dux, ducis m/f.: leader, guide, chieftain, 5
exārdēscō, -ere, -ārsī, -ārsum: catch fire, 2
excitō (1): excite, rouse, incite, 8
ferē: almost, nearly, closely
frūmentor, -ārī, -ātus sum: get grain, forage
frūmentum, -ī n.: grain, 4
grātia, -ae f.: graditude, favor, thanks, 10
gubernō (1): steer, direct
inclūdō, -ere, -ūsī, -ūsum: close in, shut in, 7
intermittō, -ere: interrupt, break off, 5
īra, īrae f.: anger, 12
itaque: and so, 8
Ithaca, -ae f.: Ithaca, 3
lassitūdō, -inis f.: weariness, 2
libenter: gladly, willingly, 12
lucrum, -ī n.: gain, profit; money
mālus, -ī m.: mast, pole
merīdiānus, -a, -um: midday, of the noon

mīror, -ārī, -ātus sum: be amazed at, 7
mora, -ae f.: delay, hesitation, hindrance, 14
nam: for, 6
nāvigō (1): sail, 5
novem: nine, 3
obiurgō (1): child, scold, reproach, 2
occāsiō, -iōnis f.: chance, opportunity, 6
omittō, -ere, -mīsī, -missum: neglect, omit, 6
opprimō, -ere, -pressī: overpower 5
patria, -ae f.: fatherland, country, 8
pecūnia, -ae f.: money
perflō (1): blow over
porta, -ae f.: gate, 7
portus, -ūs m.: harbort, port, 3
prō: before, in front of, for, 9
profectiō, -tiōnis f.: departure, start, 3
prōiciō, -icere, -iēcī, -iectum: throw forth, 4
que: and, 14
quiēs, quiētis f.: rest, repose, sleep, 5
recumbō, -ere, recubuī: lie back, lie down, 2
relinquō, -ere, -līquī, -lictum: leave behind, 9
ruō, -ere, ruī: rush, 2
saccus, -ī m.: sack, bag, 5
secundus, -a, -um: following, favorable, 2
sōl, sōlis m.: sun, 10
somnus, -ī m.: sleep, 14
spatium, -iī n.: space, span, extent, 6
statuō, -ere, -uī, -ūtum: establish, build, 3
teneō, tenēre, tenuī, tentum: hold, keep 13
tergum, -ī n.: back, 8
turbō, turbinis m.: whirlwind, 1
unde: whence, from which source, 6
vehementer: strongly, violently, ardently, 11
velut: just as, even as, as
ventus, -ī m.: wind, 10
vērō: in truth, in fact, certainly, 5

---

1 nāvigantī...secundum: *favorable to the one sailing*; dative of interest, pres. pple.
2 grātiīs...actīs: abl. abs. PPP agō, "given"
3 omnibus...parātīs: abl. abs.
   ad: *for*
   merīdiānō...tempore: abl. time when
4 solvit: *set sail*
7 Novem diēs: *for...*; acc. duration of time
9 confectum: *exhausted*
   ad...capidendum: *take rest*; "for taking," use a gerund-gerundive flip
10 quid: *what...*; ind. question plpf. pass. subjunctive: translate in plpf. pass. tense
11 oppressum: *overcome*; PPP opprimō

12 ōmittendam (esse): *must not be neglected*; passive periphrastic in indirect discourse
13 cēlāta (esse): two neuter acc. are subject
   adductī: *drawn*; PPP, nom. pl.
15 velut: *just as...*; the winds are likened to troops sacking a city; from *Aeneid* I.82-84
   agmine factō: abl. abs.
16 quā data (est) porta: *where...*; relative cl.
21 solūtum (et)... *loosened and*
22 quod...prōiēcissent: subj., alleged cause
23 ...videndae: *of...*; gerundive-gerund flip
27 Quō: *there*; "to where"
28 ēgrediendum esse: *(they) had to disembark*; pass. periphrastic

igitur ad sē convocātīs quō in locō rēs esset et quid fierī vellet   1
ostendit. Cum tamen omnēs memoriā tenērent quam crūdēlī morte
necātī essent eī quī nūper ē nāvī ēgressī essent, nēmō repertus est
quī hoc negōtium suscipere vellet. Quae cum ita essent, rēs ad
contrōversiam dēducta est. Tandem Ulixēs cōnsēnsū omnium   5
sociōs in duās partēs dīvīsit, quārum alterī Eurylochus, vir summae
virtūtis, alterī ipse praeesset. Tum hī inter sē sortītī sunt uter in
terram ēgrederētur. Hōc factō, Eurylochō sorte ēvēnit ut cum
duōbus et vigintī sociīs rem susciperet.

10

95. THE HOUSE OF THE ENCHANTRESS

Hīs rēbus ita cōnstitūtīs eī quī sortītī erant in interiōrem partem
īnsulae profectī sunt. Tantus tamen timor animōs eōrum
occupāverat ut nihil dubitārent quīn mortī obviam īrent. Vix
quidem poterant eī quī in nāvī relictī erant lacrimās tenēre;   15
crēdēbant enim sē sociōs suōs numquam post hoc tempus visūrōs.
Illī autem aliquantum itineris prōgressī ad vīllam quandam
pervēnērunt summā magnificentiā aedificātam, cuius ad ōstium
cum adiissent, cantum dulcissimum audīvērunt. Tanta autem fuit
eius vōcis dulcēdō ut nūllō modō retinērī possent quīn iānuam   20
pulsārent. Hōc factō ipsa Circē forās exiit, et summā cum
benignitāte omnēs in hospitium invītāvit. Eurylochus īnsidiās sibi
comparārī suspicātus forīs exspectāre cōnstituit, sed reliquī reī
novitāte adductī intrāvērunt. Cēnam magnificam omnibus rēbus
instrūctam invēnērunt et iussū dominae libentissimē accubuērunt.   25

accumbō, -ere, accubuī,: lie (at dinner), 4
addūcō, -ere, -dūxī, -ctum: lead to, bring, 8
adeō, -īre, -i(v)ī: go to, approach, 4
aedificō (1): make a building, build, 2
aliquantum, -ī n.: somewhat, a little, 2
alter, -era, -erum: other (of two), second, 7
benignitās, -tātis f.: kindness
cantus, -ūs m.: song, singing
cēna, -ae f.: dinner, 5
comparō (1): prepare, collect, 4
cōnsēnsus, -ūs m.: agreement, consent
contrōversia, -ae f.: dispute, controversy, 2
convocō (1): call together, 3
crēdō, -ere, -didī, -ditum: believe, trust, 2
crūdēlis, -e: cruel, bitter, bloody, 6
dēdūcō, -ere: lead or bring down, launch, 10
dīvidō, -ere, -vīsī, -vīsum: divide, separate, 3
domina, -ae f.: mistress
dubitō (1): hestitate, doubt, 5
dulcēdō, -inis f.: sweetness
dulcis, -e: sweet, dear, fresh, 2
duo, duae, duo: two, 10
eō, īre, iī (īvī), itūrum: go, 3
Eurylochus, -ī m.: Eurylochus, 6
ēveniō, -īre: turn out, happen, 8
exeō, -īre, -iī, -itum: go out, 5
fīō, fierī, factus sum: become, be made, 9
forās: out of doors
forīs: outdoors, out of doors
hospitium, ī n.: hospitality, 5
iānua, -ae f.: door, 2
īnsidiae, -ārum f.: ambush, 2
īnstruō, -ere, -ūxī, -ūctum: equip, draw up, 6
inter: between, among (+ acc.), 10
interior, -ium: interior, 3
intrō (1): go into, enter, 7
inveniō, -īre, -vēnī, -ventum: find, discover 8

invītō (1): invite
lacrima, -ae f.: tear, 10
libenter: gladly, willingly, 12
magnificentia, ae f.: splendor, magnificence
magnificus, -a, -um: splendid, magnificent, 2
memoria, -ae f.: memory, 4
mors, mortis, f.: death, 9
necō (1): kill, slay, put to death, 9
negōtium, iī n.: task, business, occupation, 13
**nēmō, nūllīus, nēminī, nēminem,
nūllō/nūllā**: no one, 6
nihil: nothing, 14
novitās, -tātis f.: newness, novelty, 3
numquam: never, at no time, 4
nūper: recently, lately, not long ago, 2
obviam: in the way of, opposite to (+ dat.) 3
occupō (1): occupy, seize, 8
ostendō (1): show, display, 6
ōstium, -iī n.: mouth, entrance, 3
praesum, -esse, -fuī: be before, preside over 2
pulsō (1): strike against, knock, 3
quīn: nay (even), (but) that, 12
relinquō, -ere, -līquī, -lictum: leave behind, 9
reperiō, -īre, repperī, repertum: find, 9
retineō, -ēre, -uī, -tentum: hold/keep back, 3
sors, sortis f.: lot
sortiō, -īre, -īvī, sortītum: choose by lot, 2
suscipiō, -ere, -cēpī, -ceptum: undertake, 14
suspicō, -āre, -āvī, -ātum: suspect, mistrust, 7
teneō, tenēre, tenuī, tentum: hold, keep 13
uter, utra, utrum: which (of two)?
vīgintī: twenty
vīlla, -ae f.: country-house, villa, 2
virtūs, -ūtis f.: valor, manhood, excellence, 10
vix: with difficulty, with effort, scarcely, 5
vōx, vōcis, f.: voice, 9

---

1 **convocātīs**: PPP in abl. abs.
  quō...esset: in quō locō, ind. question
  quid fierī: *what she wanted to be done*; inf.
  fīō, impf. subj. volō
2 **memoriā**: *in memory*; abl. means
  quam...morte: *with how cruel a death...*
3 **eī quī**: *those who...*; eī subject of necō
4 **vellet**: impf. subj. volō (inf. velle)
  Quae cum: *since these things are so*; 'as a
  result'
6 **alterī...alterī**: *one...the other*; dat. of
  compound impf. praeesset, 'was over'
7 **uter**: *which (of the two)...*; ind. question

8 **Eurylochō**: *for Eurylochus*; dat. of interest
  ēvēnit ut: *it turned out that*; noun result cl.
14 **ut...dubitārent**: *that...*; result clause
  nihil dubitārent quīn: *they did not at all
  doubt that*; quīn follows "nōn dubitō"
  īrent: impf. subj. eō, clause of doubt
15 **eī quī**: *those who...*; nom. subject
  tenēre: *hold back*; i.e. restrain
16 **visūrōs (esse)**: fut. inf. video
18 **summā magnificentiā**: *with..*; manner
20 **nūllō modō**: *in no way*; abl. manner
23 **reī novitāte**: *by the novelty of the affair*
25 **īnstrūctam**: *equipped with all things*

At Circē vīnum quod servī apposuērunt medicāmentō quōdam   1
miscuerat; quod cum Graecī bibissent, gravī somnō subitō oppressī
sunt.

96. THE CHARM   5

Tum Circē, quae artis magicae summam scientiam habēbat, baculō
aureō quod gerēbat capita eōrum tetigit; quō factō omnēs in porcōs
subitō conversī sunt. Intereā Eurylochus ignārus quid in aedibus
agerētur ad ōstium sedēbat; postquam tamen ad sōlis occāsum
anxiō animō et sollicitō exspectāvit, sōlus ad nāvem regredī   10
cōnstituit. Eō cum vēnisset, sollicitūdine ac timōre tam perturbātus
fuit ut quae vīdisset vix dīlūcidē nārrāre posset. Ulixēs autem satis
intellēxit sociōs suōs in perīculō versārī, et gladiō correptō
Eurylochō imperāvit ut sine morā viam ad istam domum
dēmōnstrāret. Ille tamen multīs cum lacrimīs Ulixem complexus   15
obsecrāre coepit nē in tantum perīculum sē committeret; sī quid
gravius eī accidisset, omnium salūtem in summō discrīmine
futūram. Ulixēs autem respondit sē nēminem invītum sēcum
adductūrum; eī licēre, sī māllet, in nāvī manēre; sē ipsum sine ūllō
praesidiō rem susceptūrum. Hoc cum magnā vōce dīxisset, ē nāvī   20
dēsiluit et nūllō sequente sōlus in viam sē dedit.

97. THE COUNTERCHARM

Aliquantum itineris prōgressus ad vīllam magnificam pervēnit,
quam cum oculīs perlūstrāsset, statim intrāre statuit; intellēxit enim   25
hanc esse eandem domum dē quā Eurylochus mentiōnem fēcisset.

accidō, -ere, accidī: happen, fall (on)to, 8
addūcō, -ere, -dūxī, -ctum: lead to, bring, 8
aedis, -is f.: temple, *pl.* house
aliquantum, -ī n.: somewhat, 2
anxius, -a, -um: anxious, 3
appōnō, -ere, -posuī, -positum: set before, 3
ars, artis f.: skill, craft, art, 5
aureus, -a, -um: golden, 13
baculum, -ī n.: staff, wand, 4
bibō, -ere, bibī: drink, 4
committō, -mittere, -mīsī: commit, entrust, 6
complector, -plectī, -plexus sum: embrace, 3
convertō, -ere, -ī, -rsum: turn (around), 6
corripiō, -ere, -uī, -reptum: snatch (up), 6
dēmōnstrō (1): show, demonstrate, 13
dēsiliō, -īre, -siluī, -sultum: jump down
dīlūcidē: distinctly, plainly
discrīmen, -crīminis n.: crisis, peril, 5
domus, -ūs f.: house, home, dwelling, 11
Eurylochus, -ī m.: Eurylochus, 6
gladius, -ī m.: sword, 10
ignārus, -a, -um: ignorant, not knowing
imperō (1): order, command, 12
intereā: meanwhile, 7
intrō (1): go into, enter, 7
invītus, -a, -um: unwilling, 2
iste, ista, istud: that or those (of yours), 7
lacrima, -ae f.: tear, 10
licet, -ēre, -uit: is allowed, permitted, 5
magicus, -a, -um: magic, 5
magnificus, -a, -um: splendid, magnificent, 2
malō, malle, maluī: prefer
maneō, -ēre, mānsī, mansūrum: stay, wait, 9
medicāmentum, -ī n.: drug, potion
mentiō, -tiōnis f.: mention, 2

misceō, -ēre, -uī, mīxtum: mix, mingle
mora, -ae f.: delay, hesitation, hindrance, 14
nārrō (1): narrate, relate, 7
obsecrō (1): beseech, implore, entreat, 5
occāsus, -ūs m.: fall, destruction, 4
oculus, -ī, m.: eye, 7
opprimō, -ere, -pressī: overpower 5
ōstium, -iī n.: mouth, entrance, 3
perlūstrō (1): look over, examine, 2
perturbō (1): trouble, greatly disturb, 2
porcus, -ī m.: pig, swine, 5
praesidium, -iī n.: protection, guard, 3
regredior, -gredī, -gressus sum: step back
respondeō, -ēre, -dī, -ōnsum: answer, 13
satis: enough, sufficient, 6
scientia, -ae f.: knowledge, wisdom, 6
sedeō, -ēre, sēdī, sessum: sit, 6
sequor, -ī, secūtus sum: follow; attend, 4
servus, -ī, m.: slave, 2
sōl, sōlis m.: sun, 10
sollicitūdō, sollicitūdinis f.: anxiety, worry
sollicitus, -a, -um: troubled, anxious
sōlus, -a, -um: alone, only, lone, sole, 6
somnus, -ī m.: sleep, 14
statuō, -ere, -uī, -ūtum: establish, build, 3
suscipiō, -ere, -cēpī, -ceptum: undertake, 14
tam: so, so much, so very, such, 8
tangō, -ere, tetigī, tāctum: touch, 3
ūllus, -a, -um: any, 3
versor (1): be engaged, move about, live, 3
via, -ae, f.: way, road, 4
vīlla, -ae f.: country-house, villa, 2
vix: with difficulty, with effort, scarcely, 5
vōx, vōcis, f.: voice, 9

---

2 **quod**: *this*; 'which, obj. of bibissent
  gravī somnō: abl. means; i-stem adj.
7 **quō factō**: *this done*; abl. abs.
8 **quid in aedibus agerētur**: *what was
  done in the house*; ind. question governed
  by the adjective ignarus
9 **ad ōstium**: *near the entrance*
11 **Eō**: *there*; adverb
  tam perturbātum: *so upset*; predicate
12 **ut...posset**: *that...*; result, impf. subj.
  quae vīdisset: *(the things) which he
  had seen*; relative of characteristic, the
  missing antecedent is obj. of narrāre
13 **sociōs...versārī**: *that...*; pres. dep. inf. in
  ind. discourse

  ēvēnit: *it turned out that*; noun result cl.
14 **imperāvit**: *ordered (dat) that...*; governs
  a dat. and ind. command (ut + subj.)
16 **nē...sē committeret**: *not to entrust
  himself...*; 'that...not,' ind. command
  sī quid: *if anything more serious*; quid is
  indefinite before sī; comparative adj.
17 **futūram (esse)...adductūrum (esse)**:
  susceptūrum (esse): all fut. infinitives
  in successive ind. discourse
19 **eī licēre**: *that it is allowed for him*
  sī māllet: *if he preferred*; impf. subj. mālō
  sē...susceptūrum (esse): fut. inf.
21 **nūllō sequente**: *no one...*; abl. abs.

At cum in eō esset ut līmen intrāret, subitō eī obviam stetit 1
adulēscēns fōrmā pulcherrimā aureum baculum gerēns. Hic Ulixem
iam domum intrantem manū corripuit et, "Quō ruis?" inquit.
"Nōnne scīs hanc esse Circēs domum? Hīc inclūsī sunt amīcī tuī ex
hūmānā speciē in porcōs conversī. Num vīs ipse in eandem 5
calamitātem venīre?" Ulixēs simul ac vōcem audīvit, deum
Mercurium agnōvit; nūllīs tamen precibus ab īnstitūtō cōnsiliō
dēterrērī potuit. Quod cum Mercurius sēnsisset, herbam quandam
eī dedit, quam contrā carmina multum valēre dicēbat. "Hanc cape,"
inquit, "et ubi Circē tē baculō tetigerit, tū strictō gladiō impetum in 10
eam vidē ut faciās." Mercurius postquam fīnem loquendī fēcit,

> "mortālis vīsūs mediō sermōne relīquit,
>   et procul in tenuem ex oculīs ēvānuit auram."

15

98. THE ENCHANTRESS IS FOILED

Brevī intermissō spatiō Ulixēs ad omnia perīcula subeunda parātus
iānuam pulsāvit, et foribus patefactīs ab ipsā Circē benignē
exceptus est. Omnia eōdem modō atque anteā facta sunt. Cēnam
magnificē īnstrūctam vīdit et accumbere iussus est. Mox, ubi famēs 20
cibō depulsa est, Circē pōculum aureum vīnō replētum Ulixī dedit.
Ille etsī suspicātus est venēnum sibi parātum esse, pōculum
exhausit; quō factō Circē postquam caput eius baculō tetigit, ea
verba locūta est quibus sociōs eius anteā in porcōs converterat. Rēs

accumbō, -ere, accubuī,: lie (at dinner), 4
adulēscēns, -entis: young (man), youth(ful), 3
agnōscō, -ere, -nōvī, -nōtum: recognize, 4
amīcus, -ī m.: friend, 6
anteā: before, earlier, formerly, previously, 7
aura, -ae f.: air, breeze
aureus, -a, -um: golden, 13
baculum, -ī n.: staff, wand, 4
benignus, -a, -um: kind, 4
calamitās, -tātis f.: misfortune, calamity
carmen, carminis n.: song, 2
cēna, -ae f.: dinner, 5
cibus, -ī m.: food, 5
contrā: against (+ acc.), 7
convertō, -ere, -ī, -rsum: turn (around), 6
corripiō, -ere, -uī, -reptum: snatch (up), 6
dēpellō, -ere, -pulī, -pulsum: drive away, 3
dēterreō, -ēre, -uī, -territum: frighten off
domus, -ūs f.: house, home, dwelling, 11
etsī: even if, although, though, 13
ēvānescō, -ere, ēvanuī: vanish, pass away
excipiō, ere, cēpī, ceptum: take out, receive 9
exhauriō, -īre, -ausī, -austum: drink up
famēs, -is f.: hunger, 3
fīnis, -is m./f.: end, limit, border, boundary, 12
foris, -is f.: door, entrance
fōrma, -ae, f.: beauty, shape, form, 3
gladius, -ī m.: sword, 10
herba, -ae f.: plant, grass, 6
hūmānus, -a, -um: cultured, refined, 4
iānua, -ae f.: door, 2
impetus, -ūs m.: attack, onset, assault, 9
inclūdō, -ere, -ūsī, -ūsum: close in, shut in, 7
inquam, inquis, inquit: say, 6
īnstituō, -ere, -uī, -ūtum: establish, set
īnstruō, -ere, -ūxī, -ūctum: equip, draw up, 6
intermittō, -ere: interrupt, break off, 5

intrō (1): go into, enter, 7
līmen, līminis n.: threshold
loquor, loquī, locūtus sum: speak, address, 9
magnificē: magnificently, splendidly
medius, -a, -um: middle of, 10
Mercurius, -ī m.: Mercury, 8
mortālis, -e: mortal
nōnne: introduces a yes/no question
num: question expecting negative answer, 2
obviam: in the way of, opposite to (+ dat.) 3
oculus, -ī, m.: eye, 7
patefaciō, -ere, -fēcī, -factum: lay open, 2
pōculum, -ī n.: cup, 7
porcus, -ī m.: pig, swine, 5
precēs, -um f. pl.: prayer, entreaty, 3
procul: from afar, from a distance, 5
pulcher, -chra, -chrum: beautiful, pretty, 2
pulsō (1): strike against, knock, 3
relinquō, -ere, -līquī, -lictum: leave behind, 9
repleō, -ēre, -plēvī, -plētum: fill again, fill, 4
ruō, -ere, ruī: rush, 2
sciō, -īre, -īvī (iī), -ītum: know, understand, 9
sermō, sermōnis m.: conversation, talk, 2
simul: at the same time; at once, together, 10
spatium, -iī n.: space, span, extent, 6
stō, -āre, stetī, stātum: stand, 8
stringō, -ere, strīnxī, strictum: draw out, 3
subeō, -īre, -iī: undergo, go up (to), 5
suspicō, -āre, -āvī, -ātum: suspect, mistrust, 7
tangō, -ere, tetigī, tāctum: touch, 3
tenuis, -e: thin
tū: you, 10
tuus, -a, -um: your, yours, 3
valeō, -ēre, -uī: be strong, fare well, be able, 5
venēnum, -ī n.: poison, 7
verbum, -ī n.: word, speech, 4
vōx, vōcis, f.: voice, 9

---

1 **in eō esset ut**: *was in such (a place) that*
  eī obviam: *facing her, in the way of her*
2 **fōrmā pulcherrimā**: *of..*; abl. quality;
  superlative adj.
3 **Quō**: *where?*; 'to where,' adv.
4 **Circēs**: Grk. gen. sg.
5 **Num vīs**: *Surely you do not wish…?*; 'you
  do not know…do you?' Num anticipates a
  negative response, 2s pres. volō
6 **simul ac**: *as soon as*; 'the same time as'
7 **ab īnstitūtō cōnsiliō**: *from his set plans*
8 **quod**: *this*; 'which,' obj. of sēnsisset
9 **quam…valēre**:

carmina: *songs*; i.e. Circe's spells
cape: sg. imperative capiō
10 **ubi…tetigerit**: *when…touches*; fut. pf.
11 **vidē ut faciās**: *see to it that you make*
13 **mortālis**: *he left the sights of the mortal in
  the middle of the his speech and vanished
  from his eyes far off into the thin breeze*;
  Aeneid 4.277-8
17 **Brevī…spatiō**: abl. abs.
  ad…subeunda: *for undergoing…*; subeō,
19 **eōdem…atque**: *in the same way as before*
23 **quō factō**: *this done*; abl. abs.
24 **ea verba**: neuter acc. object. of locūta est

tamen omnīnō aliter ēvēnit atque illa spērāverat. Tanta enim vīs 1
erat eius herbae quam Ulixī Mercurius dederat ut neque venēnum
neque verba quicquam efficere possent. Ulixēs autem, ut eī
praeceptum erat, gladiō strictō impetum in eam fēcit et mortem
minitābātur. Circē cum artem suam nihil valēre sēnsisset, multīs 5
cum lacrimīs eum obsecrāre coepit nē sibi vītam adimeret.

99. MEN ONCE MORE

Ulixēs autem ubi sēnsit eam timōre perterritam esse, postulāvit ut
sociōs suōs sine morā in hūmānam speciem redūceret (certior enim 10
factus erat ā deō Mercuriō eōs in porcōs conversōs esse); nisi id
factum esset, sē dēbitās poenās sūmptūrum ostendit. Circē hīs
rēbus graviter commōta eī ad pedēs sē prōiēcit, et multīs cum
lacrimīs iūre iūrandō cōnfirmāvit sē quae ille imperāsset omnia
factūram. Tum porcōs in ātrium immittī iussit. Illī datō signō 15
irruērunt, et cum ducem suum agnōvissent, magnō dolōre affectī
sunt quod nūllō modō eum dē rēbus suīs certiōrem facere poterant.
Circē tamen unguentō quōdam corpora eōrum ūnxit; quō factō sunt
omnēs statim in hūmānam speciem reductī. Magnō cum gaudiō
Ulixēs suōs amīcōs agnōvit, et nūntium ad lītus mīsit, quī reliquīs 20
Graecīs sociōs receptōs esse dīceret. Illī autem hīs rēbus cognitīs
statim ad domum Circaeam sē contulērunt; quō cum vēnissent,
ūniversī laetitiae sē dedērunt.

adimō, -ere, -ēmī: take away, deprive
afficiō, -ere, -fēcī, fectum: influence, treat, 13
agnōscō, -ere, -nōvī, -nōtum: recognize, 4
aliter: otherwise, in another way, 3
ars, artis f.: skill, craft, art, 5
certus, -a, -um: fixed, sure, 11
Circaeus, -a, -um: of Circe
cōnfirmō (1): make strong, strengthen, 5
convertō, -ere, -ī, -rsum: turn (around), 6
dēbeō, -ēre, -uī, debitum: owe; ought, 2
dēdō, -ere, dēdidī: surrender, give up, 2
domus, -ūs f.: house, home, dwelling, 11
dux, ducis m/f.: leader, guide, chieftain, 5
efficiō, -ere, -fēcī, -fectum: make, form, 3
ēveniō, -īre: turn out, happen, 8
gaudium, -iī n.: gladness, joy, 9
gladius, -ī m.: sword, 10
herba, -ae f.: plant, grass, 6
hūmānus, -a, -um: cultured, refined, 4
immittō, -ere, -mīsī, -missum: send in, 2
imperō (1): order, command, 12
impetus, -ūs m.: attack, onset, assault, 9
inruō, -ere, -ruī: rush in
iūrō (1): swear, 2
iūs, iūris n.: justice, law, right, 4
lacrima, -ae f.: tear, 10
laetitia, -ae f.: joy, happiness, 3
Mercurius, -ī m.: Mercury, 8
minitor, -ārī, -ātus sum: threaten

mora, -ae f.: delay, hesitation, hindrance, 14
mors, mortis, f.: death, 9
nihil: nothing, 14
nisi: if not, unless, 2
nūntius, -iī m.: messenger, 12
obsecrō (1): beseech, implore, entreat, 5
omnīnō: altogether, wholely, entirely, 11
ostendō (1): show, display, 6
perterreō, -ēre: frighten, terrify, 5
pēs, pedis m.: foot, 8
poena, poenae, f.: punishment, 3
porcus, -ī m.: pig, swine, 5
postulō (1): demand, claim, request, ask, 11
praecipiō, -ere, -cēpī, -ceptum: order, take, 6
prōiciō, -icere, -iēcī, -iectum: throw forth, 4
quisquam, quidquam: anyone, anything, 4
recipiō, -ere, -cēpī, -ceptum: take back, 8
redūcō, -ere, -dūxī, -tum: lead/bring back, 11
signum, -ī n.: sign, signal, 2
spērō (1): hope (for), expect, 5
stringō, -ere, strīnxī, strictum: draw out, 3
sūmō, -ere, sūmpsī, sūmptum: take, 3
ung(u)ō, -ere, ūnxī, ūnctum: oil, annoint
unguentum, -ī m.: ointment, 3
ūniversus, -a, -um: entire, whole
valeō, -ēre, -uī: be strong, fare well, be able, 5
venēnum, -ī n.: poison, 7
verbum, -ī n.: word, speech, 4
vīta, -ae, f.: life, 9

---

1 **aliter...atque**: *otherwise...than*
   ēvēnit: *it turned out*; impersonal
2 **eius herbae**: *of that plant*; with vīs
   ut...possent: *that...*; result clause
3 **ut praeceptum erat**: *as it had been
   instructed*; impersonal passive
4 **in eam**: *against her*
5 **nihil valēre**: *was not at all prevailing*;
   ind. disc., artem, 'craft,' is acc. subj.
6 **nē...adimeret**: *that...*; ind. command
   sibi: *from her*; dat. of compound verb
   carmina: *songs*; i.e. Circe's spells
10 **certior factus erat**: *he had been
   informed...that*; 'made more certain'
10 **tetigerit**: *if Circe touches*; fut. pf.
11 **factum esset**: *if this had not been done*;
   plpf. subj.; id is a demonstrative
12 **sē...sumptūrum (esse)**: *would exact*;
   fut. inf. in ind. disc., supply 'esse'
13 **eī**: *his*; dat. of possession

14 **iūre iūrandō**: *by sworn oath*; 'by an oath
   to be sworn,' gerundive; abl. of means
   sē...factūram (esse): *that she...*; omnia is
   obj. and antecedent of quae
15 **immittī**: pres. pass. inf. immittō
16 **magnō..affectī**: *afflicted by great pain*
17 **nūllō modō**: *in no way*; abl. of manner
   eum...certiōrem facere: *inform him*;
   'to make him more certain'
18 **quō factō**: *this done*; abl. abs.
   sunt...reductī: pf. pass. redūcō
20 **quī...dīceret**: *who would say...*; relative
   clause of purpose
21 **reliquīs Graecīs**: *to...*; dat. ind. object
   sociōs receptōs esse: *that the comrades
   had been taken back*; pf. pass. inf. recipiō
22 **sē contulērunt**: *carried themselves*; 'went'
   quō: *there*; 'to where'
23 **laetitiae**: *joy*; dat. ind. obj.

100. AFLOAT AGAIN   1

Postrīdiē eius diēī Ulixēs ex hāc īnsulā quam celerrimē discēdere in
animō habēbat. Circē tamen cum haec cognōvisset, ex ōdiō ad
amōrem conversa omnibus precibus eum orāre et obtestārī coepit
ut paucōs diēs apud sē morārētur; quā rē tandem impetrātā, tanta   5
beneficia in eum contulit ut facile eī persuāsum sit ut diūtius
manēret. Postquam tamen tōtum annum apud Circēn cōnsūmpserat,
Ulixēs magnō desideriō patriae suae mōtus est. Sociīs igitur ad sē
convocātīs quid in animō habēret ostendit. Ubi tamen ad lītus
dēscendit, nāvem suam tempestātibus tam afflictam invēnit ut ad   10
nāvigandum paene inūtilis esset. Hāc rē cognitā omnia quae ad
nāvēs reficiendās ūsuī essent comparārī iussit, quā in rē tantam
dīligentiam omnēs adhibēbant ut ante tertium diem opus
perfēcerint. At Circē ubi omnia ad profectiōnem parāta esse vīdit,
rem aegrē ferēbat et Ulixem vehementer obsecrābat ut eō cōnsiliō   15
dēsisteret. Ille tamen, nē annī tempore ā nāvigātiōne exclūderētur,
mātūrandum sibi exīstimāvit, et tempestātem idōneam nactus
nāvem solvit. Multa quidem perīcula Ulixī subeunda erant
antequam in patriam suam pervenīret, quae tamen hōc locō longum
est perscrībere.   20

adflīgō, -ere, -flīxī, -flīctum: dash, shatter
adhibeō, -ēre, -uī, -itum: apply, hold to, 4
aegrē: with difficulty, wearily, 4
amor, -ōris m.: love, desire, pasfansion, 3
ante: before, in front of (acc.); adv. before, 5
antequam: before, 9
apud: among, in the presence of (+ acc.), 9
beneficium, -iī n.: benefit, favor; kindness, 8
comparō (1): prepare, collect, 4
cōnsūmō, -ere, -mpsī, -mptum: take, spend 9
convertō, -ere, -ī, -rsum: turn (around), 6
convocō (1): call together, 3
dēscendō, -ere, -ndī, -scēnsum: descend, 4
dēsīderium, -iī n.: desire, longing
dēsistō, -ere, -stitī, -stitum: desist, stop, 5
dīligentia, -ae f.: diligence, attentiveness, 5
discēdō, -ere, -cessī, -sum: go away, depart, 4
diū: a long time, long, 13
exclūdō, -ere, -ūsī, -ūsum: shut out, hinder, 2
exīstimō (1): judge, consider, regard, think, 2
facilis, -e: easy
ferō, ferre, tulī, lātum: carry, endure, 10
idōneus, -a, -um: suitable, appropriate, 12
impetrō (1): obtain, gain one's end
inūtilis, -e: not useful, useless
inveniō, -īre, -vēnī, -ventum: find, discover 8
longus, -a, -um: long, 4

maneō, -ēre, mānsī, mansūrum: stay, wait, 9
mātūrō (1): hasten, ripen, 7
moror, -ārī, -ātus sum: delay, linger, 3
nancīscor, -ī, nactus sum: attain, meet, 7
nāvigātiō, -ōnis f.: sailing, voyage, 2
nāvigō (1): sail, 5
obsecrō (1): beseech, implore, entreat, 5
obtestor, -ārī, -ātus: call to witness, implore
odium, -iī n.: hatred
opus, -eris n.: work, deed, toil, 9
ōrō (1): pray (for), entreat, beseech, 5
ostendō (1): show, display, 6
paene: almost, nearly, 8
patria, -ae f.: fatherland, country, 8
perficiō, -ere, -fēcī, -fectum: accomplish, 3
perscrībō, -ere, -psī, -scriptum: write fully, 3
persuādeō, -ēre, -suāsī, -suāsum: persuade, 9
postrīdiē: the day after, the next day, 4
precēs, -um f. pl.: prayer, entreaty, 3
profectiō, -tiōnis f.: departure, start, 3
quidem: indeed, in fact, assuredly, certainly, 8
reficiō -ere -fēcī -fectum: make new, repair, 2
subeō, -īre, -iī: undergo, go up (to), 5
tam: so, so much, so very, such, 8
tertius, -a, -um: third, 2
ūsus, -ūsūs m.: use, employment, 3
vehementer: strongly, violently, ardently, 11

---

1 **postrīdiē eius diēī**: *the day after that day*; abl. time when; gen.
  quam celerrimē: *as fast as possible*
  in animō: *had in mind*; i.e. intended
2 **haec**: *these (things)*; neuter pl. acc. obj.
3 **omnibus precibum**: abl. means, with ōrāre
4 **ut...morārētur**: *that he linger...*; ind. command
  paucōs diēs: *for...*; acc. of duration of time
5 **apud sē**: *at her house*
  quā rē impetrātā: *which matter having been attained*; abl. abs. i.e. Circe got what she had requested above
6 **contulit**: pf. conferō, Circe is subject
  ut...persuāsum sit: *that she persuaded him*; impersonal pf. pass., translate active
  ut...manēret: *that...*; ind. command
  diūtium: *longer*; comparative adv.
7 **apud Circēn**: *at Circe's house*
  patriae suae: *for his country*; objective gen. governed by desideriō
8 **sociīs convocātīs**: abl. abs. or dat. i.o.
9 **Quid...habēret**: ind. question

10 **tam afflictam**: *so dashed*; PPP
  ut...esset: *that...*; result, impf. subj. sum
  ad nāvigandum: *for...*; ad + acc., here a gerund expresses purpose
11 **ad nāvēs reficiendās**: *for...*; employ a gerund-gerundive flip: translate the gerundive (adj) as a gerund with obj.
12 **quae...ūsuī essent**: *which were of use*; dat. purpose; omnia is antecedent
13 **ut...perfēcerint**: *that...*; result; unusual pf. subj., translate in the pf. tense
14 **ad profectiōnem**: *for setting out*
15 **ferēbat**: *endured*
  eō cōnsiliō: *from this purpose*; separation
16 **nē...exclūderētur**: neg. purpose clause
17 **mātūrandum (esse)**: *that it had to be hastened by him*; i.e. 'he had to hasten,' passive periphrastic in secondary seq. with dat. of agent
18 **subeunda erant**: *had to be undergone*; passive periphrastic with dat. of agent
19 **quae**: *which (dangers)*; obj. of perscribere
  longum est: *it is long*; nom. predicate

	1st Declension	
Nom.	cōpia	cōpiae
Gen.	cōpiae	cōpiārum
Dat.	cōpiae	cōpiīs
Acc.	cōpiam	cōpiās
Abl.	cōpiā	cōpiīs

	2nd Declension (m.)	
Nom.	legātus	legātī
Gen.	legātī	legātōrum
Dat.	legātō	legātīs
Acc.	legātum	legātōs
Abl.	legātō	legātīs

	2nd Declension (n.)	
Nom.	proelium	proelia
Gen.	proeliī	proeliōrum
Dat.	proeliō	proeliīs
Acc.	proelium	proelia
Abl.	proeliō	proeliīs

	3rd Declension (m/f)	
Nom.	mīles	mīlitēs
Gen.	mīlitis	mīlitum
Dat.	mīlitī	mīlitibus
Acc.	mīlitem	mīlitēs
Abl.	mīlite	mīlitibus

	3rd Declension (n.)	
Nom.	iter	itinera
Gen.	itineris	itinerum
Dat.	itinerī	itineribus
Acc.	iter	itinera
Abl.	itinere	itineribus

	4th Declension (m/f)	
Nom.	manus	manūs
Gen.	manūs	manuum
Dat.	manuī	manibus
Acc.	manum	manūs
Abl.	manū	manibus

	4th Declension (n.)	
Nom.	cornū	cornua
Gen.	cornūs	cornuum
Dat.	cornū	cornuibus
Acc.	cornū	cornua
Abl.	cornū	cornuibus

	5th Declension (m/f)	
Nom.	rēs	rēs
Gen.	rēī	rērum
Dat.	rēī	rēbus
Acc.	rem	rēs
Abl.	rē	rēbus

Selected Pronouns

	is	*he*	ea	*she*	id	*it*
Nom.	is	*he*	ea	*she*	id	*it*
Gen.	eius	*his*	eius	*her*	eius	*its*
Dat.	eī	*to/for him*	eī	*to/for her*	eī	*to/for it*
Acc.	eum	*him*	eam	*her*	id	*it*
Abl.	eō	*with/from him*	eā	*with/from her*	eō	*with/from it*

	eī	*they*	eae	*they*	ea	*they*
Nom.	eī	*they*	eae	*they*	ea	*they*
Gen.	eōrum	*their*	eārum	*their*	eōrum	*their*
Dat.	eīs	*to/for them*	eīs	*to/for them*	eīs	*to/for them*
Acc.	eōs	*them*	eās	*them*	ea	*them*
Abl.	eīs	*with/from them*	eīs	*with/from them*	eīs	*with/from them*

	quī	quae	quod	quī	quae	quae	*who, which, that*
Nom.	quī	quae	quod	quī	quae	quae	*who, which, that*
Gen.	cuius	cuius	cuius	quōrum	quārum	quōrum	*whose, of whom/which*
Dat.	cuī	cuī	cuī	quibus	quibus	quibus	*to whom/which*
Acc.	quem	quam	quod	quōs	quās	quae	*whom, which, that*
Abl.	quō	quā	quō	quibus	quibus	quibus	*by/with/from whom/which*

Nom.	ille	illa	illud	*that*	hic	haec	hoc	*this*
Gen.	illīus	illīus	illīus	*of that*	huius	huius	huius	*of this*
Dat.	illī	illī	illī	*to/for that*	huic	huic	huic	*to/for this*
Acc.	illum	illam	illud	*that*	hunc	hanc	hoc	*this*
Abl.	illō	illā	illō	*with/from that*	hōc	hāc	hōc	*b/w/f this*

Nom.	illī	illae	illa	*those*	hī	hae	haec	*these*
Gen.	illōrum	illārum	illōrum	*of those*	hōrum	hārum	hōrum	*of these*
Dat.	illīs	illīs	illīs	*to those*	hīs	hīs	hīs	*to these*
Acc.	illōs	illās	illa	*those*	hōs	hās	haec	*these*
Abl.	illīs	illīs	illīs	*with/from those*	hīs	hīs	hīs	*with/from these*

	reflexive pronoun	possessive reflexive adjective					
Nom.	---	suus	sua	suum	suī	suae	sua
Gen.	suī	suī	suae	suī	suōrum	suārum	suōrum
Dat.	sibi	suō	suae	suō	suīs	suīs	suīs
Acc.	sē	suum	suam	suum	suōs	suās	sua
Abl.	sē	suō	suā	suō	suīs	suīs	suīs

Adjectives and Adverbs

Decl.	Positive	Comparative	Superlative
$1^{st}/2^{nd}$	altus, -a, -um *high (deep)*	altior, altius *higher (deeper)*	altissimus, -a, -um *highest, very high (deepest)*
3rd	fortis, forte *brave*	fortior, fortius *braver, more brave*	fortissimus, -a, -um *bravest, most brave, very brave*
$1^{st}/2^{nd}$	altē *deeply*	altius *more deeply*	altissimē *very deeply*
3rd	fortiter *bravely*	fortius *more bravely*	fortissimē *very bravely*

Irregular Adjectives and Adverbs

Positive	Comparative	Superlative
bonus, -a, -um *good*	melior, melius *better*	optimus, -a, -um *best*
magnus, -a, -um *great*	maior, maius *greater*	maximus, -a, -um *greatest*
parvus, -a, -um *small*	minor, minus *smaller*	minimus, -a, -um *smallest*
multus, -a, -um *much*	---, plus *more*	plurimus, -a, -um *most*

amō, amāre, amāvī, amātum: to love

	active	translation		passive		translation
Indicative						
Pres.	amō	amāmus	*I love*	amor	amāmur	*I am loved*
	amās	amātis		amāris	amāminī	
	amat	amant		amātur	amantur	
Impf.	amābam	amābāmus	*I was loving*	amābar	amābāmur	*I was being loved*
	amābās	amābātis		amābāris	amābāminī	
	amābat	amābant		amābātur	amābantur	
Fut.	amābō	amābimus	*I will love*	amābor	amābimur	*I will be loved*
	amābis	amābitis		amāberis	amābiminī	
	amābit	amābunt		amābitur	amābuntur	
Perf.	amāvī	amāvimus	*I have loved*	amāta sum	amātae sumus	*I have been loved*
	amāvistī	amāvistis		amāta es	amātae estis	*was loved*
	amāvit	amāvērunt		amāta est	amātae sunt	
Plpf.	amāveram	amāverāmus	*I had loved*	amāta eram	amātae erāmus	*I had been loved*
	amāverās	amāverātis		amāta erās	amātae erātis	
	amāverat	amāverant		amāta erat	amātae erant	
Fut. Pf	amāverō	amāverimus	*I will have*	amāta erō	amātae erimus	*I will have been*
	amāveris	amāveritis	*loved*	amāta eris	amātae eritis	*loved*
	amāverit	amāverint		amāta erit	amātae erunt	
Subjunctive						
Pres.	amem	amēmus	same as	amer	amēmur	same as
	amēs	amētis	indicative	amēris	amēminī	indicative
	amet	ament		ametur	amentur	
Impf.	amārem	amārēmus		amārer	amārēmur	
	amārēs	amārētis		amārēris	amārēminī	
	amāret	amārent		amārētur	amārentur	
Perf.	amāverim	amāverīmus		amāta sim	amātae sīmus	
	amāverīs	amāverītis		amāta sīs	amātae sītis	
	amāverit	amāverint		amāta sit	amātae sint	
Plpf.	amāvissem	amāvissēmus		amāta essem	amātae essēmus	
	amāvissēs	amāvissētis		amāta essēs	amātae essētis	
	amāvisset	amāvissent		amāta esset	amātae essent	

Imperative
amā amāte *love!*

Participle
Pres.	amāns (amantis)	*loving*			
Perf.				amātus, -a, -um	*having been loved*
Fut.	amātūrus, -a, -um	*going to love*		amandus, -a, -um	*going to be loved*

Infinitive
Pres.	amāre	*to love*		amārī	*to be love*
Perf.	amāvisse	*to have loved*		amātum esse	*to have been loved*
Fut.	amātūrum esse	*to be going to love*			

videō, vidēre, vīdī, visum: to see

	active		translation	passive		translation
Indicative						
Pres.	videō	vidēmus	*I see*	videor	vidēmur	*I am seen*
	vidēs	vidētis		vidēris	vidēminī	
	videt	vident		vidētur	videntur	
Impf.	vidēbam	vidēbāmus	*I was seeing*	vidēbar	vidēbāmur	*I was being seen*
	vidēbās	vidēbātis		vidēbāris	vidēbāminī	
	vidēbat	vidēbant		vidēbātur	vidēbantur	
Fut.	vidēbō	vidēbimus	*I will see*	vidēbor	vidēbimur	*I will be seen*
	vidēbis	vidēbitis		vidēberis	vidēbiminī	
	vidēbit	vidēbunt		vidēbitur	vidēbuntur	
Perf.	vīdī	vīdimus	*I have seen*	vīsa sum	vīsae sumus	*I have been seen*
	vīdistī	vīdistis		vīsa es	vīsae estis	*was seen*
	vīdit	vīdērunt		vīsa est	vīsae sunt	
Plpf.	vīderam	vīderāmus	*I had seen*	vīsa eram	vīsae erāmus	*I had been seen*
	vīderās	vīderātis		vīsa erās	vīsae erātis	
	vīderat	vīderant		vīsa erat	vīsae erant	
Fut.pf.	vīderō	vīderimus	*I will have*	vīsa erō	vīsae erimus	*I will have been*
	vīderis	vīderitis	*seen*	vīsa eris	vīsae eritis	*seen*
	vīderit	vīderint		vīsa erit	vīsae erunt	
Subjunctive						
Pres.	videam	videāmus	same as	videar	videāmur	same as
	videās	videātis	indicative	videāris	videāminī	indicative
	videat	videant		videatur	videantur	
Impf.	vidērem	vidērēmus		vidērer	vidērēmur	
	vidērēs	vidērētis		vidērēris	vidērēminī	
	vidēret	vidērent		vidērētur	vidērentur	
Perf.	vīderim	vīderīmus		vīsa sim	vīsae sīmus	
	vīderīs	vīderītis		vīsa sīs	vīsae sītis	
	vīderit	vīderint		vīsa sit	vīsae sint	
Plpf.	vīdissem	vīdissēmus		vīsa essem	vīsae essēmus	
	vīdissēs	vīdissētis		vīsa essēs	vīsae essētis	
	vīdisset	vīdissent		vīsa esset	vīsae essent	

Imperative

vidē	vidēte	*see!*

Participle

Pres.	vidēns (videntis)	*seeing*		
Perf.			vīsus, -a, -um	*having been seen*
Fut.	vīsūrus, -a, -um	*going to see*	videndus, -a, -um	*going to be seen*

Infinitive

Pres.	vidēre	*to see*	vidērī	*to be seen*
Perf.	vīdisse	*to have seen*	vīsum esse	*to have been seen*
Fut.	vīsūrum esse	*to be going to see*		

dūcō, dūcere, dūxī, ductum: to lead

	active	translation	passive	translation

Indicative

	active		translation	passive		translation
Pres.	dūcō	dūcimus	*I lead*	dūcor	dūcimur	*I am led*
	dūcis	dūcitis		dūceris	dūciminī	
	dūcit	dūcunt		dūcitur	dūcuntur	
Impf.	dūcēbam	dūcēbāmus	*I was leading*	dūcēbar	dūcēbāmur	*I was being led*
	dūcēbās	dūcēbātis		dūcēbāris	dūcēbāminī	
	dūcēbat	dūcēbant		dūcēbātur	dūcēbantur	
Fut.	dūcam	dūcēmus	*I will lead*	dūcar	dūcēmur	*I will be led*
	dūcēs	dūcētis		dūcēris	dūcēminī	
	dūcet	dūcent		dūcetur	dūcentur	
Perf.	dūxī	dūximus	*I have led*	ducta sum	ductae sumus	*I have been led*
	dūxistī	dūxistis		ducta es	ductae estis	*was led*
	dūxit	dūxērunt		ducta est	ductae sunt	
Plpf.	dūxeram	dūxerāmus	*I had led*	ducta eram	ductae erāmus	*I had been led*
	dūxerās	dūxerātis		ducta erās	ductae erātis	
	dūxerat	dūxerant		ducta erat	ductae erant	
Fut. Pf	dūxerō	dūxerimus	*I will have*	ducta erō	ductae erimus	*I will have been*
	dūxeris	dūxeritis	*led*	ducta eris	ductae eritis	*led*
	dūxerit	dūxerint		ducta erit	ductae erunt	

Subjunctive

Pres.	dūcam	dūcāmus	same as	dūcar	dūcāmur	same as
	dūcās	dūcātis	indicative	dūcāris	dūcāminī	indicative
	dūcat	dūcant		dūcatur	dūcantur	
Impf.	dūcerem	dūcerēmus		dūcerer	dūcerēmur	
	dūcerēs	dūcerētis		dūcerēris	dūcerēminī	
	dūceret	dūcerent		dūceretur	dūcerentur	
Perf.	dūxerim	dūxerīmus		ducta sim	ductae sīmus	
	dūxerīs	dūxerītis		ducta sīs	ductae sītis	
	dūxerit	dūxerint		ducta sit	ductae sint	
Plpf.	dūxissem	dūxissēmus		ducta essem	ductae essēmus	
	dūxissēs	dūxissētis		ducta essēs	ductae essētis	
	dūxisset	dūxissent		ducta esset	ductae essent	

Imperative

	dūc	ducite	*lead!*	

Participle

Pres.	ducēns (dūcentis)		*leading*	
Perf.			ductus, -a, -um	*having been led*
Fut.	ductūrus, -a, -um	*going to lead*	ducendus, -a, -um	*going to be led*

Infinitive

Pres.	dūcere	*to lead*	dūcī	*to be lead*
Perf.	dūxisse	*to have led*	ductum esse	*to have been led*
Fut.	ductūrum esse	*to be going to lead*		

capiō, capere, cēpī, captum: to take

	active	translation		passive	translation
Indicative					
Pres.	capiō capimus	*I take*	capior capimur	*I am taken*
	capis capitis		caperis capiminī	
	capit capiunt		capitur capuntur	
Impf.	capiēbam capiēbāmus	*I was taking*	capiēbar capiēbāmur	*I was being taken*
	capiēbās capiēbātis		capiēbāris capiēbāminī	
	capiēbat capiēbant		capiēbātur capiēbantur	
Fut.	capiam capiēmus	*I will take*	capiar capiēmur	*I will be taken*
	capiēs capiētis		capiēris capiēminī	
	capiet capient		capietur capientur	
Perf.	cēpī cēpimus	*I have taken*	capta sum captae sumus	*I have been taken*
	cēpistī cēpistis		capta es captae estis	*was taken*
	cēpit cēpērunt		capta est captae sunt	
Plpf.	cēperam cēperāmus	*I had taken*	capta eram captae erāmus	*I had been taken*
	cēperās cēperātis		capta erās captae erātis	
	cēperat cēperant		capta erat captae erant	
Fut. Pf	cēperō cēperimus	*I will have taken*	capta erō captae erimus	*I will have been taken*
	cēperis cēperitis		capta eris captae eritis	
	cēperit cēperint		capta erit captae erunt	

Subjunctive

	active			passive	
Pres.	capam capāmus	same as	capar capāmur	same as
	capās capātis	indicative	capāris capāminī	indicative
	capat capant		capatur capantur	
Impf.	caperem caperēmus		caperer caperēmur	
	caperēs caperētis		caperēris caperēminī	
	caperet caperent		caperetur caperentur	
Perf.	cēperim cēperīmus		capta sim captae sīmus	
	cēperīs cēperītis		capta sīs captae sītis	
	cēperit cēperint		capta sit captae sint	
Plpf.	cēpissem cēpissēmus		capta essem captae essēmus	
	cēpissēs cēpissētis		capta essēs captae essētis	
	cēpisset cēpissent		capta esset captae essent	

Imperative

     cape   capite   *take!*

Participle

Pres.   capiēns (capientis) *taking*

Perf.   captus, -a, -um   *having been taken*

Fut.   captūrus, -a, -um   *going to take*   capiendus, -a, -um   *going to be taken*

Infinitive

Pres.   capere   *to take*   capī   *to be take*

Perf.   cēpisse   *to have taken*   captum esse   *to have been taken*

Fut.   captūrum esse   *to be going to take*

audiō, audīre, audīvī, audītum: to hear

	active	translation	passive		translation
Indicative					
Pres.	audiō audīs audit	audīmus audītis audiunt	*I hear*	audior audīris audītur	audīmur audīminī audiuntur	*I am heard*
Impf.	audiēbam audiēbās audiēbat	audiēbāmus audiēbātis audiēbant	*I was hearing*	audiēbar audiēbāris audiēbātur	audiēbāmur audiēbāminī audiēbantur	*I was being heard*
Fut.	audiam audiēs audiet	audiēmus audiētis audient	*I will hear*	audiar audiēris audiētur	audiēmur audiēminī audiēntur	*I will be heard*
Perf.	audīvī audīvistī audīvit	audīvimus audīvistis audīvērunt	*I have heard*	audīta sum audīta es audīta est	audītae sumus audītae estis audītae sunt	*I have been heard was heard*
Plpf.	audīveram audīverās audīverat	audīverāmus audīverātis audīverant	*I had heard*	audīta eram audīta erās audīta erat	audītae erāmus audītae erātis audītae erant	*I had been heard*
Fut.pf	audīverō audīveris audīverit	audīverimus audīveritis audīverint	*I will have heard*	audīta erō audīta eris audīta erit	audītae erimus audītae eritis audītae erunt	*I will have been heard*

Subjunctive

	active	translation	passive		translation
Pres.	audiam audiās audiat	audiāmus audiātis audiant	same as indicative	audiar audiāris audiātur	audiāmur audiāminī audiantur	same as indicative
Impf.	audīrem audīrēs audīret	audīrēmus audīrētis audīrent		audīrer audīrēris audīretur	audīrēmur audīrēminī audīrentur	
Perf.	audīverim audīverīs audīverit	audīverīmus audīverītis audīverint		audīta sim audīta sīs audīta sit	audītae sīmus audītae sītis audītae sint	
Plpf.	audīvissem audīvissēs audīvisset	audīvissēmus audīvissētis audīvissent		audīta essem audīta essēs audīta esset	audītae essēmus audītae essētis audītae essent	

Imperative

audī   audīte   *hear!*

Participle

Pres.	audiēns (audientis)	*hearing*		
Perf.			audītus, -a, -um	*having been heard*
Fut.	audītūrus, -a, -um	*going to hear*	audiendus, -a, -um	*going to be heard*

Infinitive

Pres.	audīre	*to hear*	audīrī	*to be heard*
Perf.	audīvisse	*to have heard*	audītum esse	*to have been heard*
Fut.	audītūrum esse	*to be going to hear*		

	sum, esse, fuī, futūrum: to be		translation	**possum, posse, potuī, -- : to be able, can**		translation
Indicative						
Pres.	sum	sumus	*I am*	possum	possumus	*I am able, can*
	es	estis		potes	potestis	
	est	sunt		potest	possunt	
Impf.	eram	erāmus	*I was*	poteram	poterāmus	*I was able, could*
	erās	erātis		poterās	poterātis	
	erat	erant		poterat	poterant	
Fut.	erō	erimus	*I will be*	poterō	poterimus	*I will be able*
	eris	eritis		poteris	poteritis	
	erit	erunt		poterit	poterunt	
Perf.	fuī	fuimus	*I have been,*	potuī	potuimus	*I have been able,*
	fuistī	fuistis	*I was*	potuistī	potuistis	*I was able, could*
	fuit	fuērunt		potuit	potuērunt	
Plpf.	fueram	fuerāmus	*I had been*	potueram	potuerāmus	*I had been able*
	fuerās	fuerātis		potuerās	potuerātis	
	fuerat	fuerant		potuerat	potuerant	
Fut. Pf.	fuerō	fuerimus	*I will have been*	potuerō	potuerimus	*I will have been able*
	fueris	fueritis	*been*	potueris	potueritis	
	fuerit	fuerint		potuerit	potuerint	
Subjunctive						
Pres.	sim	sīmus	same as	possim	possīmus	same as
	sīs	sītis	indicative	possīs	possītis	indicative
	sit	sint		possit	possint	
Impf.	essem	essēmus		possem	possēmus	
	essēs	essētis		possēs	possētis	
	esset	essent		posset	possent	
Perf.	fuerim	fuerīmus		potuerim	potuerīmus	
	fuerīs	fuerītis		potuerīs	potuerītis	
	fuerit	fuerint		potuerit	potuerint	
Plpf.	fuissem	fuissēmus		potuissem	potuissēmus	
	fuissēs	fuissētis		potuissēs	potuissētis	
	fuisset	fuissent		potuisset	potuissent	
Imperative						
	xxx			xxx		
Infinitive						
Pres.	esse		*to be*	posse		*to be able*
Perf.	fuisse		*to have been*	potuisse		*to have been heard*
Fut.	futūrum esse*		*to be going to be*	----		

* *fore* is a common indeclinable alternative for futūrum esse.

sequor, sequī, secūtus-a-um sum: to follow

Indicative

Pres.
sequor	sequimur	*I follow*
sequeris	sequiminī	
sequitur	sequuntur	

Impf.
sequēbar	sequēbāmur	*I was following*
sequēbāris	sequēbāminī	
sequēbātur	sequēbantur	

Fut.
sequar	sequēmur	*I will follow*
sequēris	sequēminī	
sequētur	sequentur	

Perf.
secūta sum	secūtae sumus	*I have followed*
secūta es	secūtae estis	
secūta est	secūtae sunt	

Plpf.
secūta eram	secūtae erāmus	*I had followed*
secūta erās	secūtae erātis	
secūta erat	secūtae erant	

Fut.. pf.
secūta erō	secūtae erimus	*I will have followed*
secūta eris	secūtae eritis	
secūta erit	secūtae erunt	

Subjunctive

Pres.
sequar	sequāmur	same as indicative
sequāris	sequāminī	
sequātur	sequantur	

Impf.
sequerer	sequerēmur	
sequerēris	sequerēminī	
sequerētur	sequerentur	

Perf.
secūta sim	secūtae sīmus	
secūta sīs	secūtae sītis	
secūta sit	secūtae sint	

Plpf.
secūta essem	secūtae essēmus	
secūta essēs	secūtae essētis	
secūta esset	secūtae essent	

Imperative

sequere	sequitor	*follow!*

Participle

Pres.	sequēns (gen. sequentis)	*following*		
Perf.	secūtus, -a, -um	*having followed*		
Fut.	secūtūrus, -a, -um	*going to follow*	sequendus,-a -um	*going to be followed*

Infinitive

Pres.	sequī	*to follow*
Perf.	secūtum esse	*to have followed*
Fut.	secūtūrum esse	*to be going to follow*

Alphabetized Core Vocabulary List
(Words 15 or More Times)

This is an alphabetized list of the running core vocabulary found at the beginning of this commentary. To use this book properly, readers should review and memorize the running core vocabulary as they read the stories. If they encounter a word in the text that is not found in the facing vocabulary, it is most likely in the running vocabulary and the list below.

The number of occurrences of each word was tabulated by the author.

ā, ab, abs: from, away from; by, 72
accipiō, -ere, accēpī, acceptum: receive, get, accept, 26
ad: to, toward; near; for, 188
animus, -ī m.: mind, spirit; courage, pride, 18
annus, -ī m.: year, 18
Argonautae, -ārum m.: Argonauts, 18
at: but; mind you, 27
atque: and; and also, and even, 21
audiō, -īre, audīvī, audītum: hear, listen to, 22
autem: however, but; moreover, 81
auxilium, -ī n.: help, aid, assistance, 19
bōs, bovis m./f. (dat./abl. bōbus): cow, ox, bull, 18
brevis, -e: short, brief, 15

capiō, capere, cēpī, captum: take, capture, seize, 14
caput, capitis, n.: head; life, 20
causa, -ae f.: reason, cause; case, 31
Circē, -ēs f.: Circe, 15
coepī, coepisse, coeptum: begin, 16
cognōscō, -ere, -nōvī, -nitum: learn, *pf.* know, 22
cōnferō, -ferre, -contulī, collātum: bring together, gather, 18
cōnficiō, -ere: complete finish, accomplish; exhaust, 16
coniciō, -ere, -iēcī, -iectum: throw, hurl; throw together, 13
cōnsilium, -iī n.: plan, advice; council, assembly, 23
cōnstituō, -ere, -uī, -ūtum: decide, establish, resolve, 36
corpus, corporis, n.: body, 19
cum: with (abl.); when, since, although, 196

dē: from, down from; about, concerning, 29
deus, -ī m.: god, divinity, deity, 19
dīcō, -ere, dīxī, dictum: say, speak, tell, call, name, 17
diēs, -ēī m./f.: day, time, 46
dīmittō, -ere, -mīsī, -missum: send away, dismiss, 8
dō, dare, dedī, datum: give; grant, allow, 42
dolor, -ōris m.: pain, grief, 17
dum: while, as long as, until, 35

ē, ex: from, out from, out of, 108
ēgredior, -ī, ēgressus sum: go out, disembark, 18

enim: for, indeed, 77
et: and; also, even, 287
etiam: also, even,; besides, 17
Eurystheus, -ī m.: Eurystheus, 23
exspectō (1): wait for, await, look out for, 15

faciō, -ere, fēcī, factum: make, do, 89
fīlia, -iae f.: daughter, 20
flūmen, -inis n.: river, 15

gerō, -ere, gessī, gestum: wage; carry on, wear, 18
gravis, -e: heavy, serious, severe, 16

habeō, -ēre, habuī, -itum: have, hold; consider, 34
habitō (1): inhabit, live, 18
Hērculēs, -is m.: Hercules 121
hic, haec, hoc: this, that, these, 222
homō, -inis m./f.: person, people, human, 21

iam: now, already, 29
Iāsōn, -onis m.: Jason, 45
ibi: there, 21
īdem, eadem, idem: the same, 15
igitur: therefore, then, accordingly, 71
ille, illa, illud: that, those, 84
in: in (abl.) , into (acc.), 272
ingēns (ingentis): huge, immense, 21
īnsula, -ae f.: island, 20
intellegō, -ere, -lēxī, -lēctum: understand, realize, 24
interficiō, -ere, -fēcī, -fectum: kill, 15
ipse, ipsa, ipsum: -self; the very, 50
is, ea, id: he, she, it; this, that, 230
ita: so, thus, in this way, 25
iter, itineris n.: journey; route, way, 19
iubeō, -ēre, iussī, iussum: order, 17

labor, -ōris m.: labor, hardship, task, 22
lītus, lītoris n.: shore, beach, 19
locus, -ī m. (pl. lōca): place, region, 51

māgnōpere: greatly, 15
magnus, -a, -um: great, large; important, 79
manus, -ūs f.: hand, 16
mare, maris n.: sea, 15
Mēdēa, -ae f.: Medea, 27
mittō, -ere, -mīsī, missum: send, let go, 18
modus, -ī m.: way, manner; *adv.* **modo**, only 38
mōnstrum, -ī n.: monster, 26
mox: soon, 19

multus, -a, -um: much, many, 36

nāvis, -is, f.: ship, boat, 63
nē: so that...not, lest, 22
neque: and not; **neque...neque**: neither...nor, 27
nōn: not, 40
nūllus, -a, -um: no, not any, 24

omnis, omne: every, all, 96

parō (1): prepare, 21
pars, partis, f.: part, share, 23
paucī, -ae, -a: few, 22
paulus, -a, -um: little, small, 16
per: through, over, 23
perīculum, -ī n.: danger, risk, 31
Perseus, -ī m.: Perseus, 26
perveniō, -īre, -vēnī, -ventum: come through, arrive, 19
Polyphēmus, -ī m.: Polyphemus, 19
possum, posse, potuī: be able, can, 46
post: after, behind (acc.); afterward, next, 32
postquam: after, when, 58
prīmus, -a, -um: first, 16
proficīscor, -ī, profectus sum: set out, depart, 19
prōgredior, -ī, prōgressus sum: advance, 17
puer, puerī, m.: boy, 17

quaerō, -ere, quaesīvī, quaesītum: seek, ask, search for, 21
quī, quae, quod (quis? quid?): who, which, that; **quod**: because, 307
quīdam, quaedam, quoddam: a certain, 50

redeō, -īre, rediī: go back, return, 19
referō, -ferre, rettulī, relātum: report, bring back, 18
regiō, -ōnis f.: region, district, 18
rēgnum, -ī n.: royal power, kingship; kingdom, 19
reliquus, -a, um: remaining, left, 15
rēs, reī, f.: thing, matter, affair, business, 83
rēx, rēgis m.: king; *adj.* ruling, royal, 44

salūs, -ūtis f.: safety, security, health, 15
saxum, -ī n.: rock, 15
sē: himself, herself, itself, themselves, 115
sed: but, 31
sentiō, sentīre, sēnsī, sēnsum: feel, perceive, 16
sī: if, 20
sine: without, 19
socius, -ī m.: comrade, companion; ally, 33
solvō, -ere, solvī, solūtum: loosen, release; set sail, 20
speciēs, -ēī f.: sight, look, appearance, aspect, 15

spēlunca, -ae f.: cave, 30
statim: immediately, 28
subitō: suddenly, 19
sum, esse, fuī, futūrum: be, 422
summus, -a, -um: highest, greatest, top of, 29
suus, -a, -um: his, her, its, their (own), 84

tamen: nevertheless, however, 99
tandem: finally, at last, 28
tantus, -a, -um: so great, so much, so large, 55
tempestās, -tātis f.: weather; storm, 17
tempus, -poris n.: time, 31
terra, -ae f.: land, earth, ground, 22
timor, -ōris m.: fear, 15
trādō, -dere, -didī, -ditum: give over, hand over or down, 20
tum: then, at that time, 73

ubi: where; when, 56
Ulixēs, -is m.: Ulysses, 43
ūnus, -a, -um: one, 14
urbs, urbis, f.: city, 19
ut: so that, in order that (subj.); as, just as (ind.), 112

veniō, -īre, vēnī, ventum: come, go, 72
videō, -ēre, vīdī, vīsum: see, 50
vīnum, -ī n.: wine, 16
vir, virī m.: man, male, 23
vīs, (vīs), f.: force, power, violence; *pl.* **vīrēs**, strength, 23
volō, velle, voluī: will, wish, be willing, 22

Made in the USA
Monee, IL
09 June 2022

97768833R00079